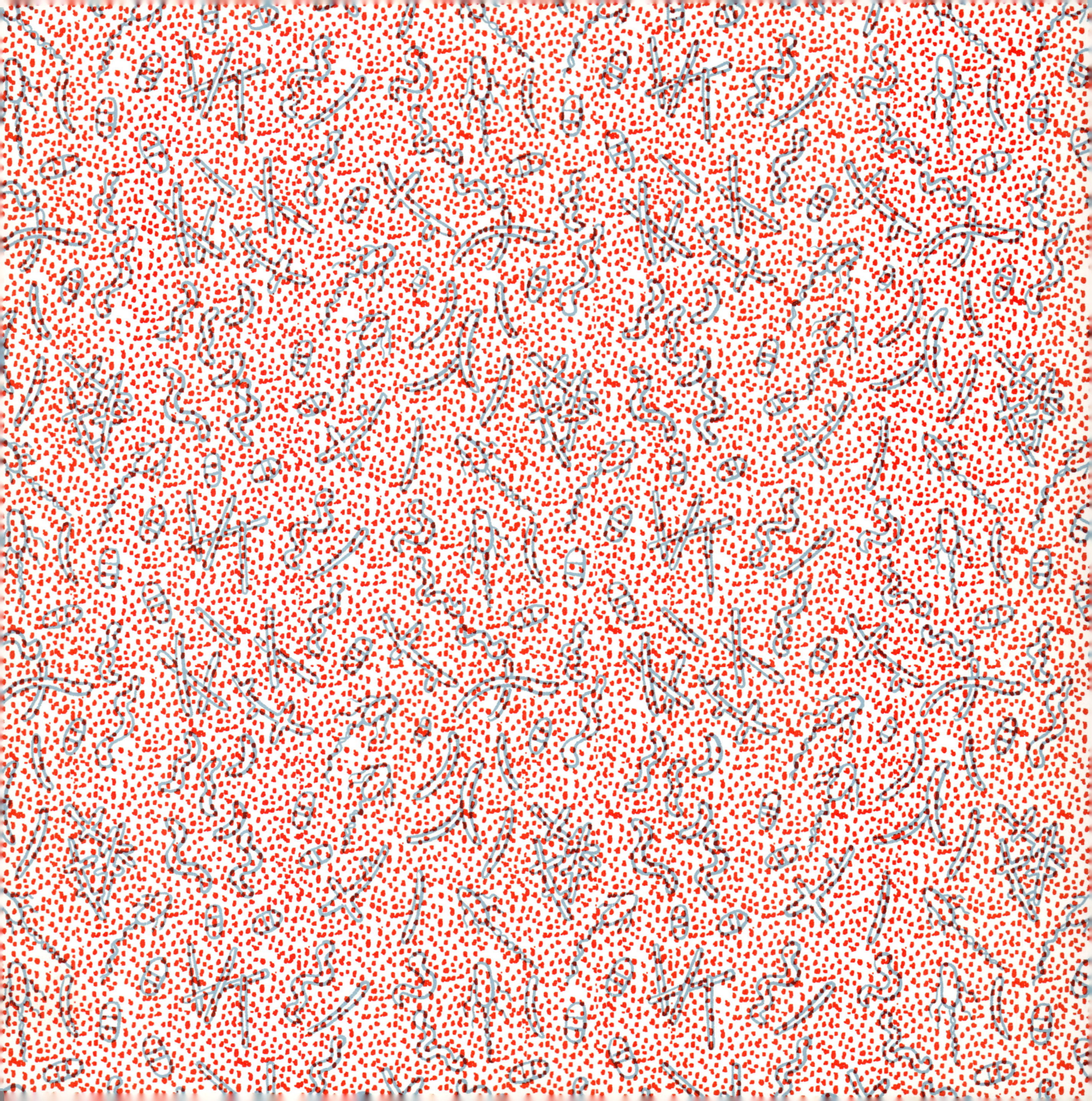

마술 돋보기로 보는 신기한

인체 탐험

마술 돋보기를 통해 · 몸 안을 들여다보세요

글 제인 윌셔
그림 안드레스 로자노
옮김 군자출판사 학술국

군자출판사

마술 돋보기로 보는 신기한

인체 탐험

초판 1쇄 인쇄 | 2022년 5월 10일
초판 1쇄 발행 | 2022년 5월 31일

지 은 이 Jane Wilsher
일 러 스 트 Andrés Lozano
옮 긴 이 군자출판사 학술국
발 행 인 장주연
출 판 기 획 임경수
책 임 편 집 김수진
편집디자인 주은미
표지디자인 김재욱
제 작 담 당 이순호
발 행 처 군자출판사(주)
등록 제4-139호(1991. 6. 24)
본사 (10881) 파주출판단지 경기도 파주시 회동길 338(서패동 474-1)
전화 (031) 943-1888 팩스 (031) 955-9545
홈페이지 | www.koonja.co.kr

* 파본은 교환하여 드립니다.
* 검인은 역자와의 합의하에 생략합니다.

ISBN 979-11-5955-161-1
정가 20,000원

책에 무슨 내용이 있을까?

마술 돋보기를 사용하는 방법

이 책은 엄청난 발명품이 동봉되어 있어
- 바로 사람의 몸속에 일어나는 일들을 보여주는 마술 돋보기야!

각 페이지마다 붉은색 무늬가 있는 곳 위로 마술 돋보기를 올려놔 봐. 아래의 그림에 한 번 시도해볼래?

깁스 안에 있는 부러진 뼈가 잘 보이니?

책을 보다가 마술 돋보기 아이콘이 보이면, 너의 돋보기를 사용해서 붉은 무늬가 있는 부위를 비춰 봐봐. 그러면 몸 안에 무엇이 있는지 발견할 수 있어.

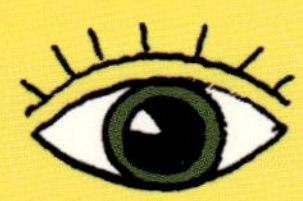

눈 모양 아이콘을 보면, 목록에 있는 몸의 부위를 그림에서 찾아봐봐.

몸의 24시간

우리의 몸은 매일 매일 무슨 일을 할까?

아주 많은 일을 할 수 있어. 사람의 몸은 굉장히 섬세한 기계와 같아. 몸의 다양한 부위들은 쉬지 않고 함께 24시간 동안 일을 하고 있어.

몸은 에너지를 만들기 위해 먹고 마셔. 몸은 무언가를 배우거나 멍 때리기도 해. 그리고 잠을 자. 몸은 성장하면서 계속 바뀌어.

그러나 모든 몸이 같은 방법으로 일하는 것은 아니라는 것을 잊지 말자. 몇몇 사람들은 몸이 정상적으로 작동하고 몇몇 사람들은 정상적으로 작동하지 않기도 해. 몇몇 사람들은 병을 앓기도 해. 모두 다 달라.

세포
생명의 구성요소야.
약 30조 개의 세포들이 몸을 계속 살아있게 해줘.

뼈와 근육
달리고, 기구를 타고, 바퀴 달린 것을 밀거나 걷기 위해 수천 번이나 움직여.

눈
수백만 개 이상의 색상들을 구분할 수 있어.

손끝
3,000개의 촉각 수용체를 통해 뜨거움, 차가움, 날카롭거나 부드러운 것을 느껴.

코
1조 개의 다양한 냄새를 맡기 위해 400개의 냄새 감지 세포들을 작동시켜.

사람의 몸은 무엇으로 구성되어있을까?

세포. 이러한 작은 구조물은 서로 결합해서 장기라고 불리는 더 큰 몸의 부위들을 만들어. 뇌, 심장, 그리고 폐를 장기라고 해. 몸을 계속 매끄럽게 작동시키기 위해, 장기들은 체계 속에서 함께 작용해. 다음은 몸에 있는 몇 가지 주요 체계야.

뇌와 신경계
네 몸의 본부는 뇌야. 뇌는 신경계라고 불리는 커다란 신경의 망을 통해 신호를 전달하고 받아.

뼈와 근육
200개가 넘는 뼈는 몸이 바로 설 수 있게 해주고, 골격이라고 불리는 뼈대를 구성하고 있어. 신축성이 있는 근육들은 몸을 움직이기 위해 이 뼈들을 당겨.

심장과 피
심장은 엔진처럼 일하는 강력한 근육이야. 심장은 밤낮으로 펌프질을 해서 몸 구석구석에 피를 보내줘.

폐와 호흡
들이쉬고, 내쉬어봐. 우리가 숨을 들이쉴 때, 공기는 폐 안으로 빨려 들어가. 몸에 있는 모든 세포는 생존하기 위해 공기 중에 있는 산소가 필요해.

위와 소화
소화계는 음식을 몸이 사용할 수 있는 에너지원, 즉 영양소로 잘게 부서 줘.

뇌의 힘

**네가 이 페이지를 읽을 동안,
너의 뇌는 무엇을 하고 있을까?**

단어, 그림을 이해하기 위해서 너의 뇌는 신호를 보내. 엄청나게 많은 신호를 뉴런이라고 불리는 신경 세포는 시냅스라고 불리는 서로 연결된 부위를 통해 서로 대화를 주고받아.

너의 뇌가 아주 강력한 통신 센터라고 생각해봐. 아침, 저녁으로 뇌는 수백만 개의 신호를 보내고 받으면서 너의 생각, 감각, 움직임 그리고 기억력을 통제해. 마치 네 몸의 본부와 같아.

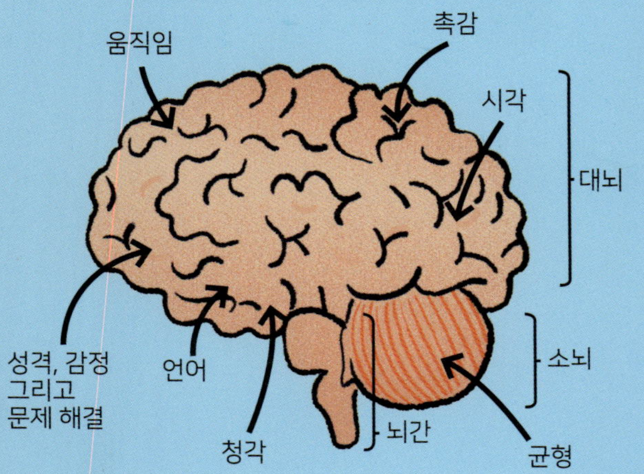

뇌의 여러 부위는 각각 무슨 일을 할까?

이 사진은 엽이라고 불리는 뇌의 여러 부위가 어떻게 여러 가지의 일 또는 뇌의 여러 기능과 연결되어 있는지 보여주고 있어.

안팎으로 찾아보자

너는 다음의 것들을 찾기 위해 마술 돋보기가 필요할 거야.

❶ **두개골**	❻ **척수**
❷ **뉴런(신경 세포)**	❼ **말초 신경**
❸ **시냅스**	❽ **대뇌**
❹ **경로**	❾ **소뇌**
❺ **뇌간**	❿ **반사 작용**

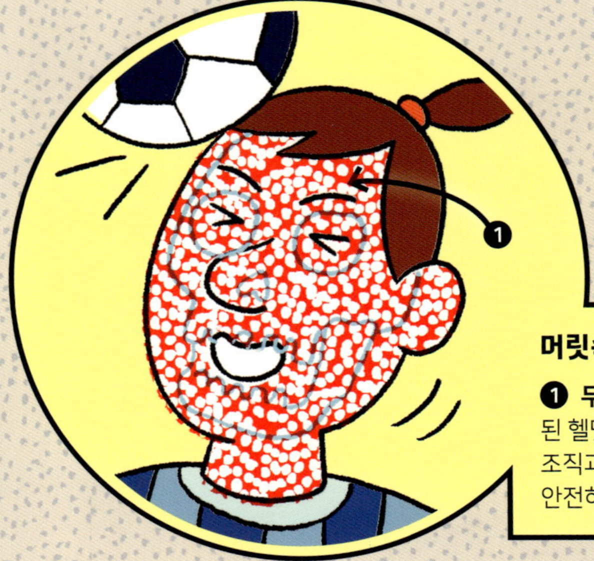

들여다보기

너의 뇌가 어떻게 너의 몸을 통제하는지 확인해보자.

머릿속에

❶ **두개골**은 섬세한 뇌를 보호하는 뼈로 된 헬멧과 같아. 두개골 안에는 여러 층의 조직과 투명한 액체가 쿠션처럼 뇌를 안전하게 보호해줘.

연결하기

❷ 뇌는 **뉴런**이라고 불리는 수천만 개의 세포로 구성되어있어. 현미경을 통해 보면 뉴런들은 촉수 또는 팔을 가지고 있는데 이들을 통해 뉴런들이 서로 신호를 주고받아.

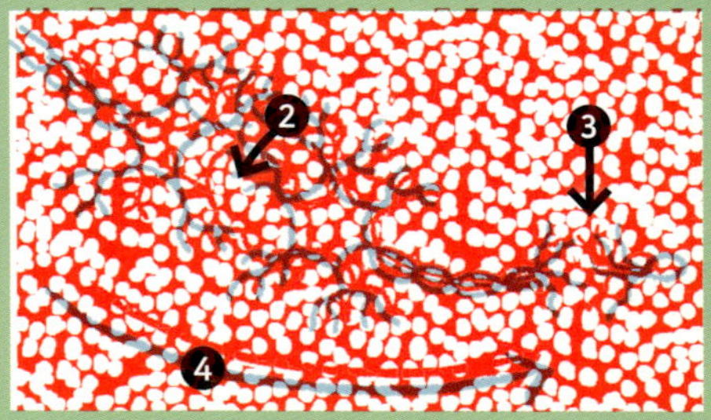

❸ 각각의 촉수 끝에서 신호들은 이 뉴런에서 다른 뉴런으로 이동할 수 있어. 이 공간을 **시냅스**라고 불려. 뉴런과 시냅스는 함께 몸 전역에 걸친 하나의 커다란 망을 이루고 있어.

❹ 네가 성장하고 배울 때, 신호는 이 뉴런에서 다른 뉴런으로 계속해서 반복적으로 이동하면서 **경로**를 만들어. 시각 경로는 네가 이 단어들을 읽는 것을 도와주고 있어.

신경 체계

❺ **뇌간**은 심장, 폐 그리고 소화 기관이 계속 일을 하게 만들어.

❻ 뇌간은 **척수**라고 불리는 신경 다발에 연결되어 있어. 척수는 몸 곳곳에 신호를 보내거나 받아.

❼ **말초 신경**은 척수를 통해 뇌로부터 신호를 받기도 하고 보내기도 해.

만약 중요한 신경들이 손상된다면 너는 네 몸의 일부를 움직일 수 없게 될 거야.

기억과 움직임

❽ 너가 무언가를 기억할 때, 너의 뇌의 위쪽에 있는 **대뇌**의 많은 부위들이 서로 연락하기 시작해. 너의 단기 기억력은 몇 초 전의 일을 기억하는 것을 도와주고, 너의 장기 기억력은 오래전의 일을 기억할 수 있게 도와줘.

❾ 뇌의 뒤쪽에 있는 **소뇌**는 움직임과 균형을 통제해. 소뇌 없이는 몸이 균형을 잡지 못하고 기우뚱거릴 거야.

반사 작용

❿ 가끔 몸은 뇌를 사용하지 않고 어떤 작용을 하기도 해. 이것은 **반사 작용**이라고 불려. 무릎 바로 아랫부분을 두드리면 무슨 일이 발생하는지 한 번 해봐.

오감은 무슨 일을 할까?

감각은 보는 것, 듣는 것, 냄새를 맡는 것, 맛을 보는 것 그리고 피부로 느끼는 것을 통해 몸이 세상을 인지하도록 도와줘. 감각은 또한 위험을 피할 수 있게 도와주지.

시각
눈은 가깝거나 먼 곳에 있는 것의 다양한 색상을 볼 수 있어.

청각
귀는 옷핀이 떨어지는 소리나 쿵쿵 크게 울리는 음악 소리를 들을 수 있어.

후각
코는 달콤한 꽃의 냄새를 맡거나 썩었다고 경고하는 음식의 냄새를 맡을 수 있어.

미각
냄새와 맛은 음식이 먹을 수 있는 건지 없는 건지 결정하기도 해.

촉각
촉각은 피부로 느끼는 거야. 얼굴 살결이 얼마나 부드러운지 만져봐. 촉각은 또한 뜨겁거나 위험한 것에 대한 경고 신호를 보내주기도 해.

눈

너는 하루에 몇 번이나 눈을 깜박이니?

놀랍게도 거의 3만 번 깜박인단다. 생각해봐. 너의 눈이 매일 한 시간씩 눈을 감고 있는 거야. 눈을 깜박이는 것은 눈을 깨끗하게 유지하는 것을 도와줘.

눈은 멀리 있는 또는 가까이에 있는 세상의 경이로운 것을 보기 위해 크게 뜰 수 있어. 눈은 엄청난 양의 정보와 빛을 받아들이고, 뇌는 이것들을 통해 세상을 바라보는 너의 시야를 형성해줘.

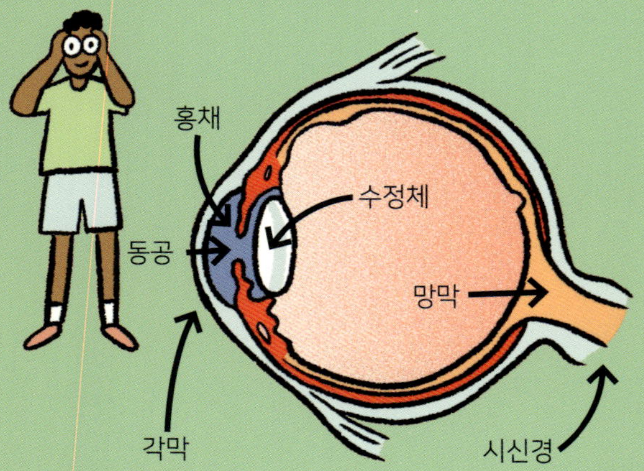

눈은 얼마나 클까?

네가 생각하는 것보다 눈은 더 커. 이 사진은 눈의 옆모습을 보여주고 있어. 눈알(안구)이라고 불리는 겔로 가득찬 공이 머리 깊숙한 곳의 눈구멍 안에 들어있어.

안팎으로 찾아보자

너는 다음의 것들을 찾기 위해 마술 돋보기가 필요할 거야.

1. 눈썹
2. 속눈썹
3. 눈꺼풀
4. 눈물샘
5. 각막
6. 동공
7. 홍채
8. 수정체
9. 망막
10. 시신경

들여다보기

눈이 어떻게 우리가 사물을 보게끔 도와주는지 살펴보자.

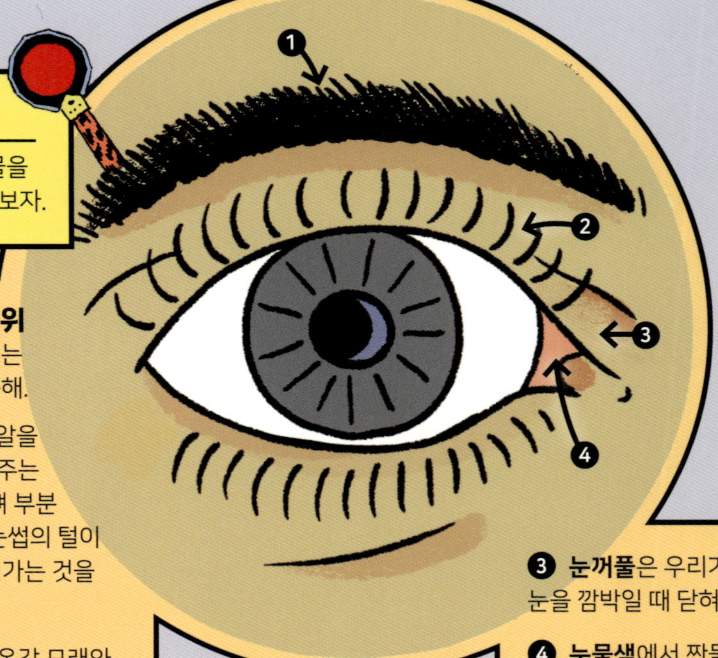

눈의 여러 부위

눈의 여러 부위는 서로 함께 작동해.

❶ **눈썹**은 눈알을 안전하게 지켜주는 눈구멍 밖에 뼈 부분 위쪽에 있어. 눈썹의 털이 땀이 눈에 들어가는 것을 방지해줘.

❷ **속눈썹**은 온갖 모래와 먼지가 눈에 들어가는 것을 막아줘.

❸ **눈꺼풀**은 우리가 눈을 깜박일 때 닫혀.

❹ **눈물샘**에서 짠물이 나와 눈을 계속 촉촉하게 해주고, 오염물질을 씻어내 줘.

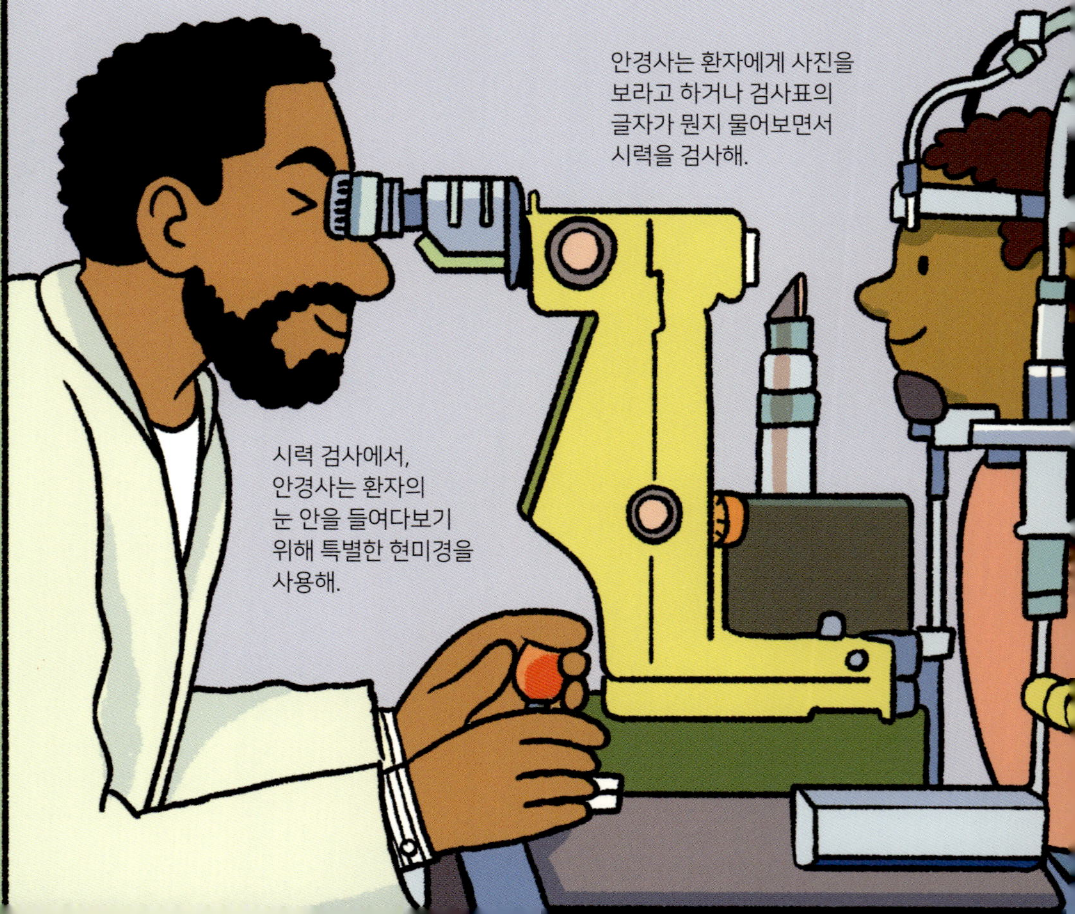

안경사는 환자에게 사진을 보라고 하거나 검사표의 글자가 뭔지 물어보면서 시력을 검사해.

시력 검사에서, 안경사는 환자의 눈 안을 들여다보기 위해 특별한 현미경을 사용해.

눈은 어떻게 볼까?

이는 빛이 눈을 통해 이동하는 과정을 통해 이루어져.

❺ 빛은 **각막**을 통해 눈에 들어가게 되는데, 이 각막은 움직이며 광선의 방향을 조절해.

❻ 검은색 **동공**은 사실 빛이 눈으로 들어가게 해주는 구멍이야.

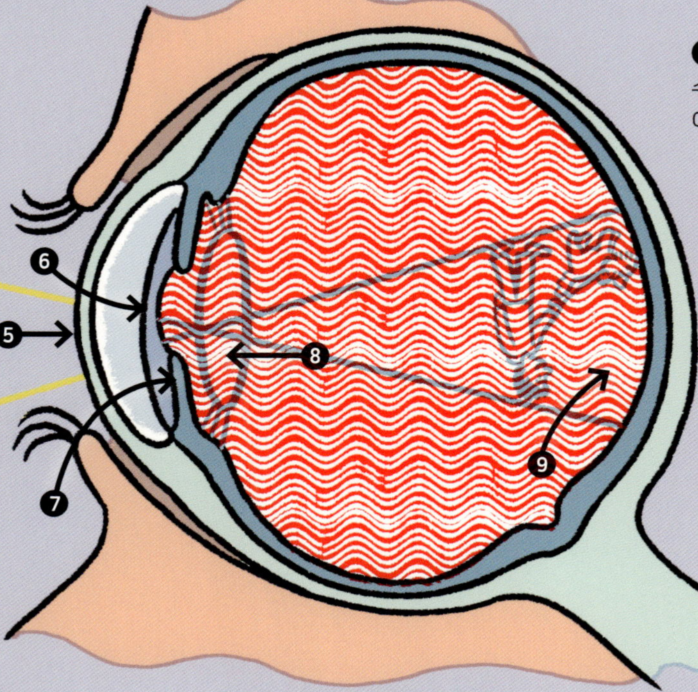

❾ **망막**은 빛을 알아차리는 수백만의 세포로 눈의 한 겹을 이루고 있어.

간상세포는 눈에 보이는 이미지에 대한 정보를 흑백으로 수집해. 원뿔세포는 사물의 자세한 모습과 색상에 대한 정보를 수집해. 망막에서 형성되는 이미지는 위아래가 거꾸로 되어있어.

이 이미지를 뇌가 바른 방향으로 뒤집어서 보게 해줘.

❼ **홍채**가 눈의 색깔이 있는 부분이야. 홍채는 동공의 크기를 조절해서 빛이 더 많이 들어오게 하거나 적게 들어오게 해. 동공은 어두울 때 더 커지고 밝을 때 더 작아져.

❽ **수정체**는 눈알 안에 있는 곡선형의 층인데, 광선이 망막으로 갈 수 있게 도와줘.

❿ 망막에 모인 신호는 **시신경**을 따라 뇌로 이동해.

근시안적인

사람들은 왜 안경을 쓸까?

안경은 사람들이 더 잘 볼 수 있게 도와줘. 네가 만약 근시안이라면, 너는 가까운 것을 볼 수 있어도, 멀리에 있는 것은 볼 수 없을 거야. 네가 만약 원시안이라면, 너는 멀리에 있는 것은 볼 수 있어도, 가까이에 있는 것은 볼 수 없을 거야.

유색 렌즈 안경은 우리의 눈을 밝은 빛으로부터 보호해줄 수 있어, 왜냐면 밝은 빛을 보면 눈이 아프거나 눈이 다칠 수도 있어.

원시안적인

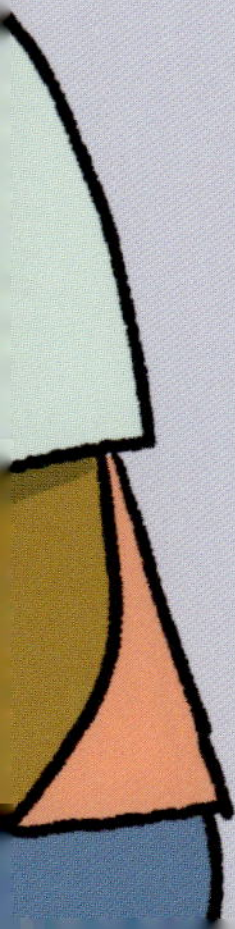

귀

귀는 왜 말랑한 꼬깔콘같이 생겼을까?

귀의 말랑한 바퀴는 눈에 보이지 않는 음파나 공기의 파동을 수집하는 역할을 해. 귓바퀴는 파동을 수집하고 구멍 안으로 소리를 안내해주는 역할을 해.

음파는 외의, 중이, 내이라고 불리는 귀의 세 부위를 지나쳐. 그러고 나서 신호들은 뇌로 보내져. '쾅! 챙!' 하는 소리를 들을 수 있게 되지.

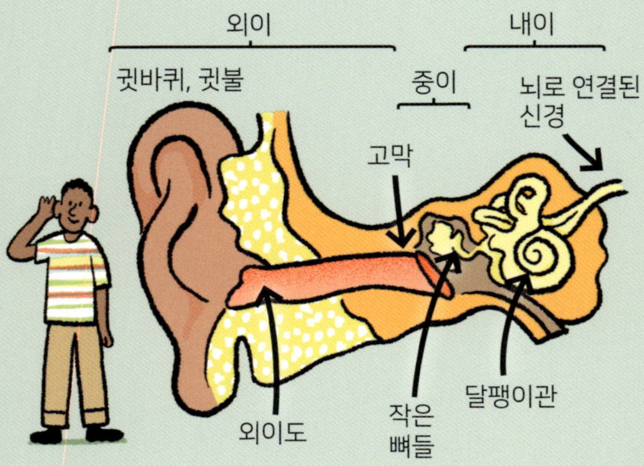

귀 안에서는 무슨 일이 일어날까?

이 그림은 귀 안이 어떻게 생겼는지 측면에서 보여주는 그림이야.

안팎으로 찾아보자

너는 다음의 것들을 찾기 위해 마술 돋보기가 필요할 거야.

- ❶ 음파
- ❷ 귓바퀴, 귓불
- ❸ 귓구멍
- ❹ 외이도
- ❺ 귀지
- ❻ 고막
- ❼ 망치뼈
- ❽ 모루뼈
- ❾ 등자뼈
- ❿ 달팽이관
- ⓫ 신경

❶ **음파**는 공기의 파동으로 진동이라고 불려. 너는 음파를 볼 수 없지만, 귀는 모든 종류의 음파를 감지해. 전화벨이 울리는 소리부터 큰 음악 소리의 진동까지 감지할 수 있지.

외이

❷ 너는 **귓바퀴**의 바깥 부분을 볼 수 있어, 그러나 나머지 부분은 머리 안에 숨어 있지. 각각의 귓바퀴는 음파를 수집하기 위해 조개껍데기의 모양을 가지고 있어.

❸ 귓바퀴는 음파를 감지하고 수집해서 **귓구멍** 안쪽으로 음파를 전달해줘.

❹ 음파는 **외이도**를 따라 귀 안쪽으로 이동해.

❺ 외이도의 **귀지**는 먼지를 걸러줘서 먼지가 귀 안쪽까지 들어가지 않게 막아줘.

❻ 음파가 **고막**에 도달하면, 고막이 진동하기 시작해. 이는 고막이 드럼 악기의 윗부분처럼 엄청 빠르게 흔들린다는 뜻이야.

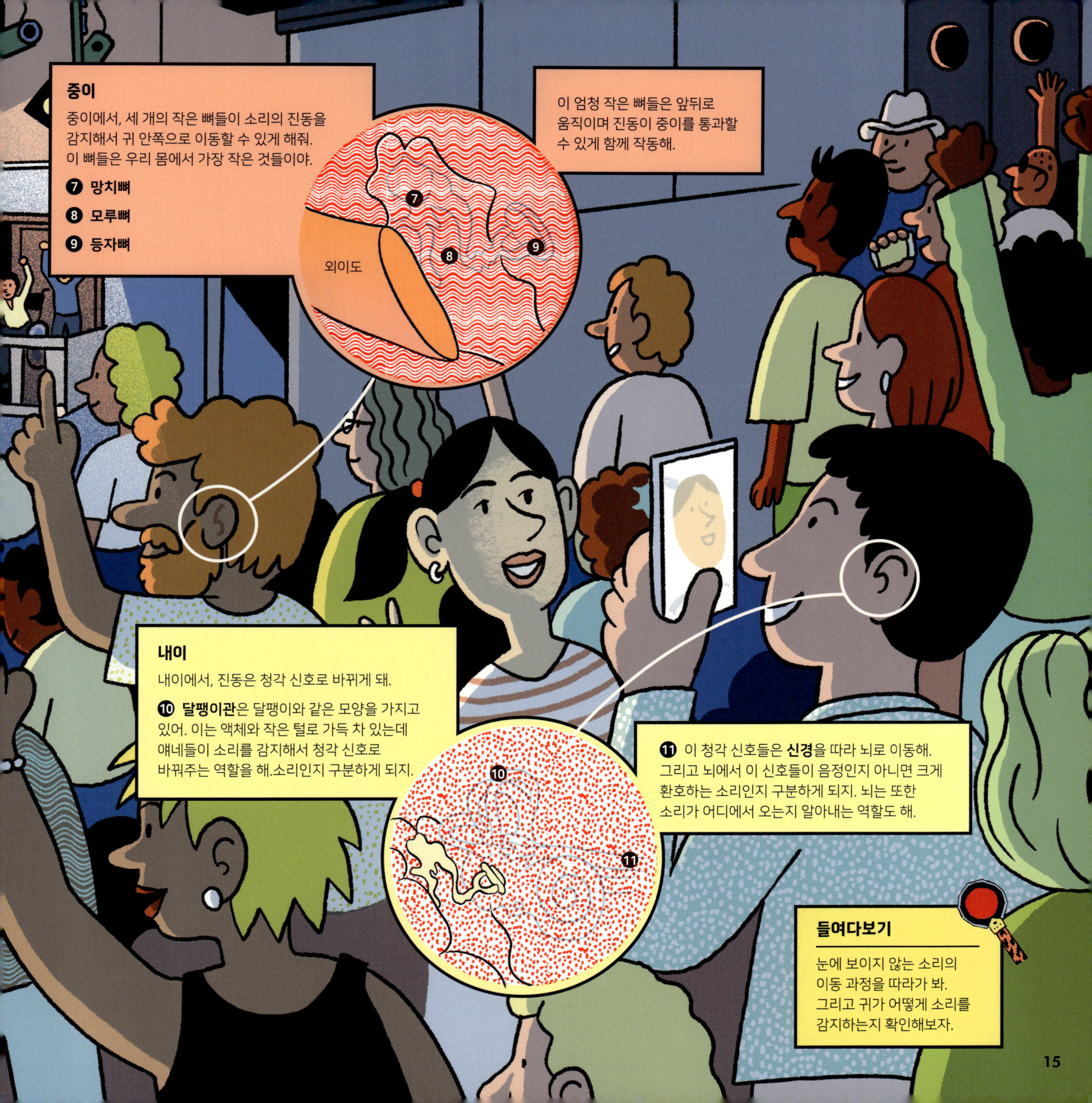

중이

중이에서, 세 개의 작은 뼈들이 소리의 진동을 감지해서 귀 안쪽으로 이동할 수 있게 해줘. 이 뼈들은 우리 몸에서 가장 작은 것들이야.

7 망치뼈

8 모루뼈

9 등자뼈

이 엄청 작은 뼈들은 앞뒤로 움직이며 진동이 중이를 통과할 수 있게 함께 작동해.

내이

내이에서, 진동은 청각 신호로 바뀌게 돼.

10 **달팽이관**은 달팽이와 같은 모양을 가지고 있어. 이는 액체와 작은 털로 가득 차 있는데 얘네들이 소리를 감지해서 청각 신호로 바꿔주는 역할을 해.소리인지 구분하게 되지.

11 이 청각 신호들은 **신경**을 따라 뇌로 이동해. 그리고 뇌에서 이 신호들이 음정인지 아니면 크게 환호하는 소리인지 구분하게 되지. 뇌는 또한 소리가 어디에서 오는지 알아내는 역할도 해.

들여다보기

눈에 보이지 않는 소리의 이동 과정을 따라가 봐. 그리고 귀가 어떻게 소리를 감지하는지 확인해보자.

코와 혀

왜 감기에 걸리면 음식 맛을 잘 못 느낄까?

꽉 막힌 코가 범인이야! 코와 혀는 냄새를 감지하고 맛을 보는 역할을 동시에 하는 짝꿍과 같아. 코가 냄새를 맡을 수 없게 되면, 맛보는 것도 어려워져.

코와 혀는 문지기와 같아. 그들은 뇌에 신호를 보내서 해당 물질을 먹어도 되는지 안 되는지를 결정해. 그들은 또한 타는 냄새와 같은 위험을 감지하기도 해.

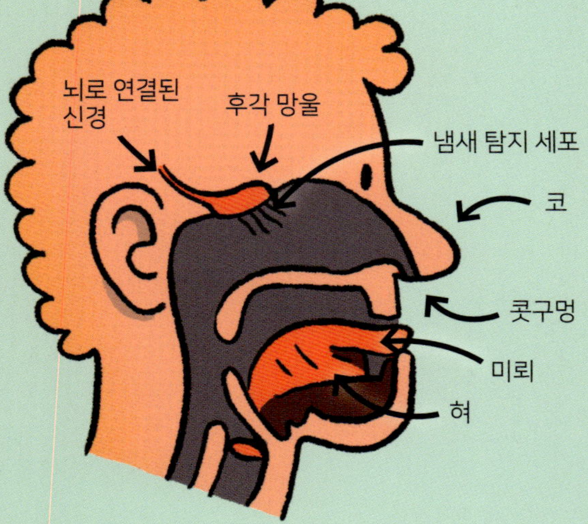

코와 혀는 어떻게 연결되어 있을까?

이 사진은 코의 안쪽과 혓바닥을 측면에서 볼 때의 모습을 보여주고 있어. 코 뒤쪽은 목 뒤쪽으로 연결되어 있어.

안팎으로 찾아보자

너는 다음의 것들을 찾기 위해 마술 돋보기가 필요할 거야.

❶ 코	**❺ 점액(콧물)**
❷ 콧구멍	**❻ 혀**
❸ 냄새 탐지 세포	**❼ 미뢰**
❹ 후 신경구	**❽ 침**

들여다보기

코의 안쪽과 혓바닥 위에선 무슨 일이 일어날까?

코

❶ **코**는 주로 딱딱한 뼈가 아닌, 말랑말랑한 연골로 이루어져 있어.

❷ **콧구멍**이라고 불리는 두 개의 구멍이 코 안에 있는 공간으로 연결되어 있어. 이 공간은 뒤쪽에서 입과 혀로 연결되어 있지.tongue.

냄새

❸ 숨을 들이쉬면, 코 안에 있는 수백만 개의 **냄새 탐지기**가 작은 손가락 같이 생긴 끝부분을 통해 냄새를 감지해.

❹ 냄새 탐지기는 **후 신경구**로 신호를 보내. 그리고 여기에서 신호는 다시 뇌로 보내져서 각 냄새가 무슨 냄새인지 구분하게 도와줘.

엣취!

❺ 코 안에 있는 털들은 먼지가 몸 안에 들어가는 것을 방지해. **점액** 또는 콧물은 코의 안쪽을 촉촉하게 유지해주고 냄새 맡는 것을 도와줘. 콧물은 또한 먼지와 세균을 걸러주는 역할을 해. 재채기하는 것은 점액, 먼지 그리고 세균을 코 밖으로 내보내 줘.

요리하는 냄새는 너를 배고프게 만들 수 있어. 너의 뇌가 소화계에 '준비해! 음식이 곧 들어올 거야!'라는 신호를 보내거든.

음식 맛보기

❻ **혀**는 음식의 맛을 보는 것을 도와줘. 혀는 또한 이빨과 함께 일해서 음식을 잘게 부숴서 삼키기 쉽게 만들지. 이것은 소화 과정의 시작이야.

❼ **미뢰**는 혓바닥 위에 있는 수많은 작은 돌기들이야.

❽ 음식이 **침**과 섞이면, 미뢰는 음식에 대한 맛을 신호의 형태로 뇌에 보내줘.

혓바닥엔 얼마나 많은 미뢰들이 있을까?

유아는 약 만 개의 미뢰를 가지고 있지만, 성인은 고작 6천 개밖에 없어. 다음은 미뢰가 감지할 수 있는 다섯 가지 맛이야.

쓴맛
쓴맛은 네 몸에 네가 막 상했거나 유독성의 음식을 먹었다는 경고를 보낼 수 있어.

짠맛
짠 음식은 몸이 제대로 작동하는 것을 도와줄 수 있어. 하지만 너무 많은 양의 소금을 먹으면 건강에 안 좋아.

신맛
레몬은 신맛이 나. 과학자들은 사람들이 신맛을 즐기는 유일한 동물이라고 해.

단맛
설탕이 묻은 음식은 단맛이 나고 몸에 빠르게 에너지를 공급해줄 수 있어.

감칠맛
이는 강력히 농축된 짭짤한 맛이야. 간장이나 버섯은 둘 다 감칠맛을 가지고 있어.

이

너는 이가 몇 개 있니?

이의 개수는 너의 나이에 따라 달라. 어린 친구들은 20개의 유치를 가지고 있어, 근데 이들은 하나씩 빠지게 될 거야. 빠진 곳에는 새로운 이가 자라게 되는데 보통 다 큰 어른은 32개의 이빨을 가지고 있어.

혓바닥으로 이를 만져볼 수 있니? 앞쪽에 있는 뾰족하고 날카로운 이들도 만져보고, 뒤쪽에 있는 납작한 것들도 만져봐. 이는 모두 달라. 이들은 음식을 물고 뜯고 씹기 위해 완벽한 모양을 갖추고 있어.

이는 무엇으로 만들어졌을까?

이의 겉면은 광택이 있는 에나멜로 만들어졌어. 이는 우리의 몸에서 가장 단단한 물질이야. 네 눈에 보이는 이를 치아머리 또는 치관이라고 불러. 그 안에는 상아질이라 불리는 단단한 조직이 있어. 치근은 잇몸 안에 있는 부위야.

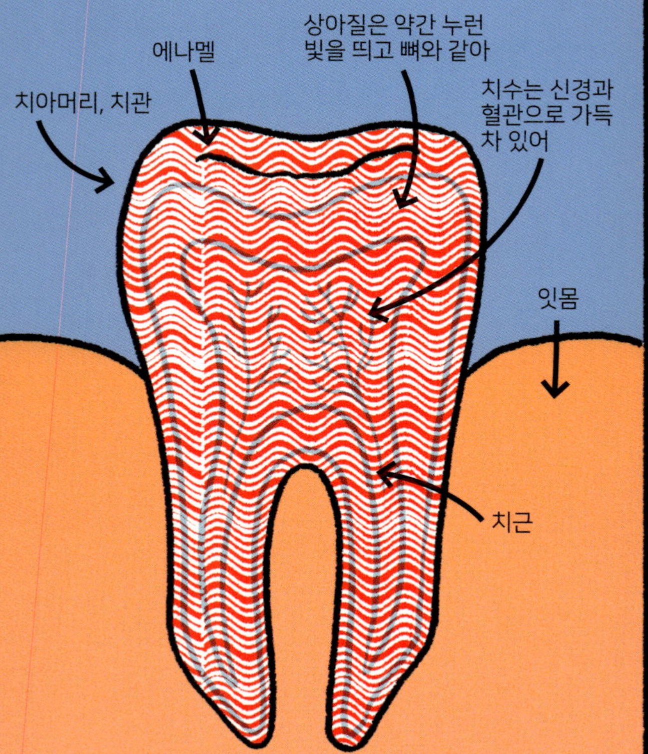

이는 왜 닦아야 할까?

이를 닦는 것은 입 냄새가 안 나게 해주고 이가 썩는 것을 방지해줘. 칫솔질하는 것은 치태라고 하는 끈적한 물질을 제거해줘. 이는 박테리아라고 불리는 세균에 의해서 만들어지는데, 이 세균들은 입속에 남아있는 음식으로부터 생겨나. 플라크가 가지고 있는 산성은 너의 이를 녹게 하고 썩게 해. 칫솔질은 또한 잇몸병을 방지해줘. 아침저녁으로 칫솔질을 할 수 있도록 노력해보자.

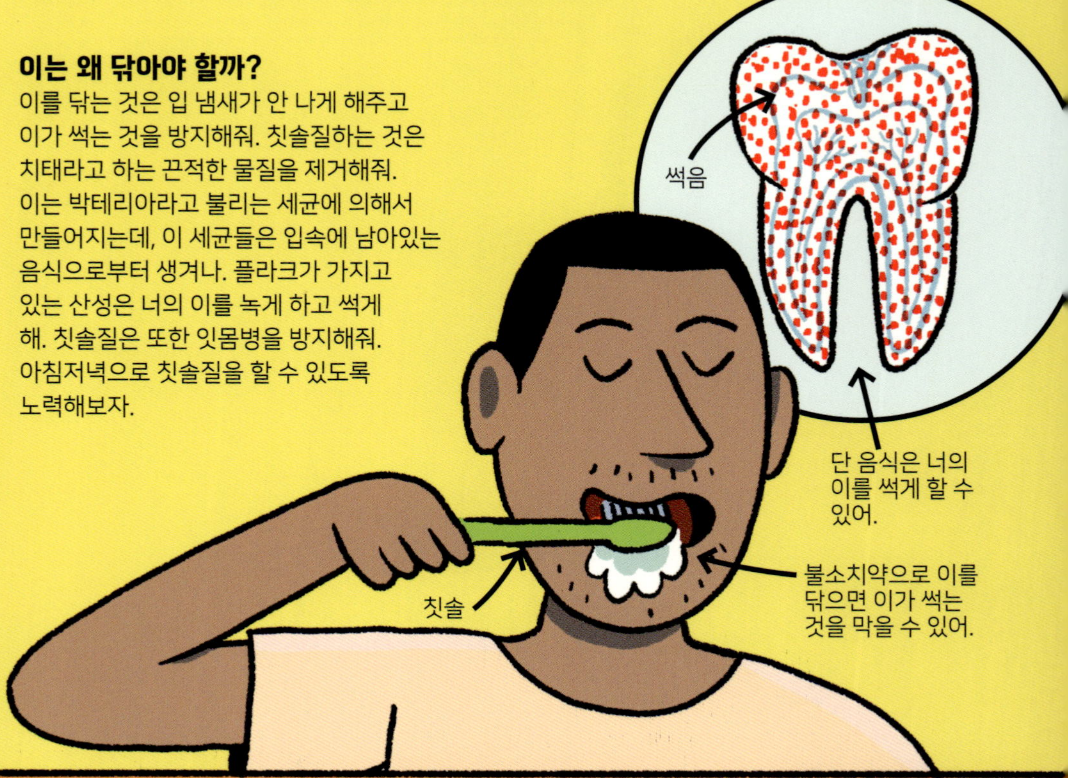

이는 각각 무슨 역할을 할까?

입의 위쪽, 아래쪽, 앞과 뒤쪽에 다른 모양의 이들은 서로 다른 역할을 한단다. 너의 이는 네가 음식을 더 쉽게 삼킬 수 있게 음식이 침과 섞이게 도와줘.

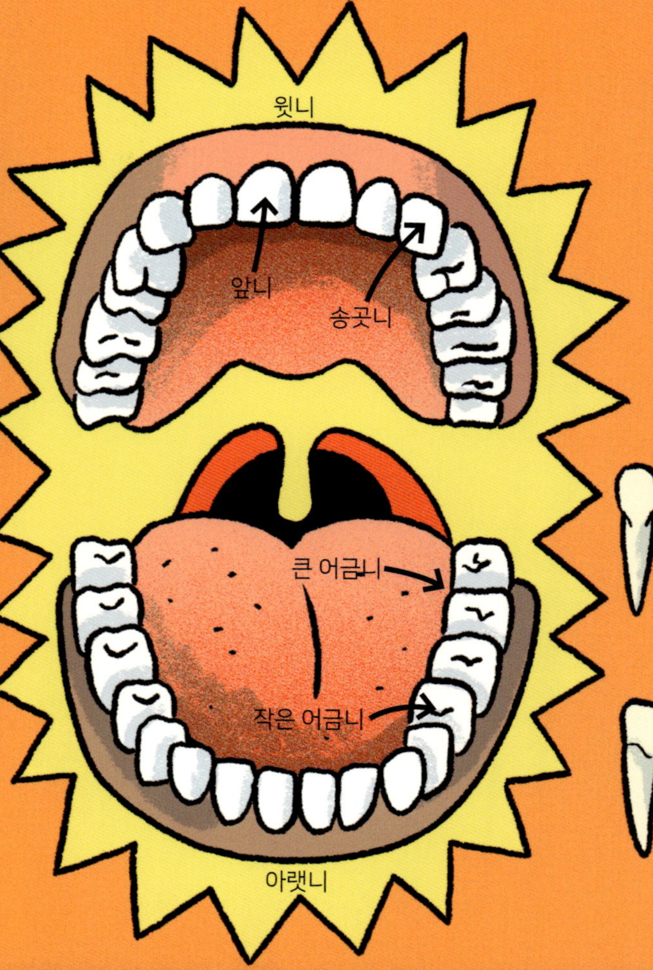

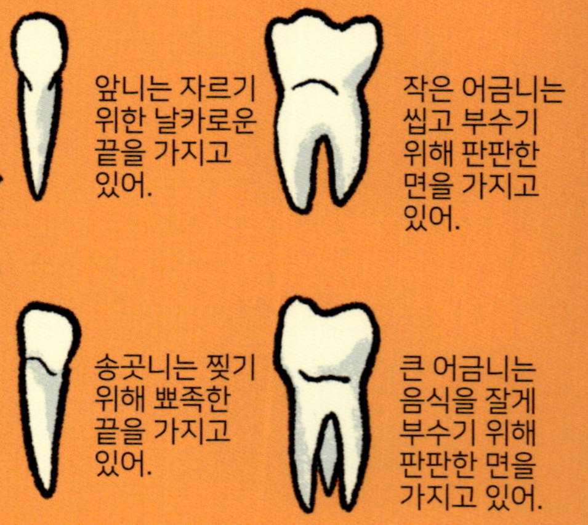

왜 치과에 정기적으로 진료를 보러 가야 할까?

너의 입과 이를 건강하게 유지하기 위해서야. 특히 네가 나이가 어리다면 더더욱. 치과 의사 선생님은 너의 이가 잘 자라고 있는지 확인을 해주셔. 게다가 정기 검진을 통해서 이가 썩고 있는지 확인할 수 있어.

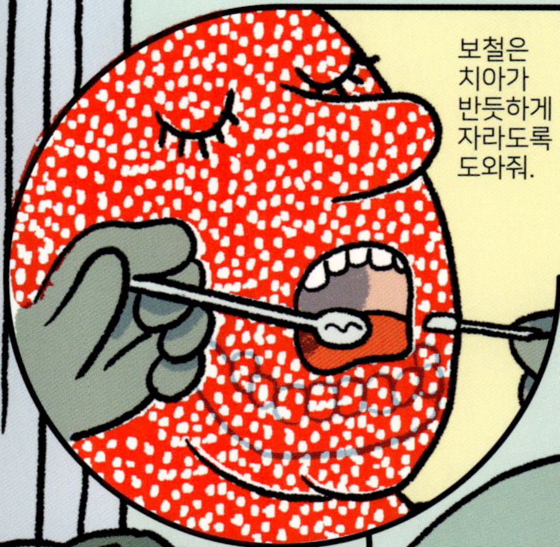

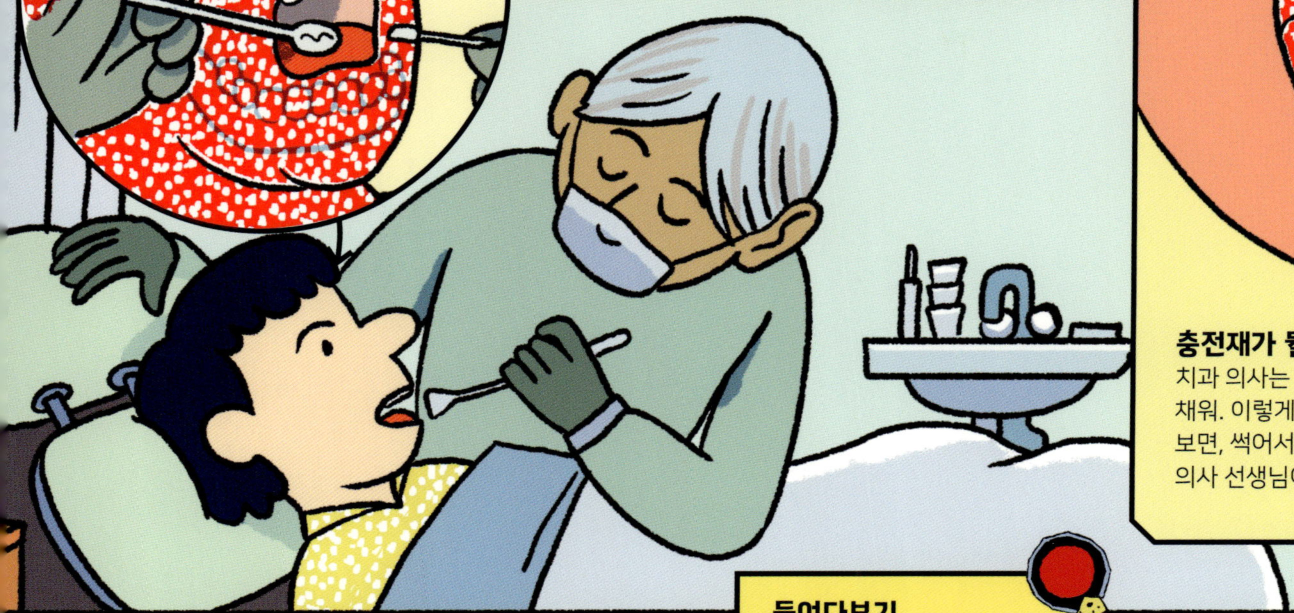

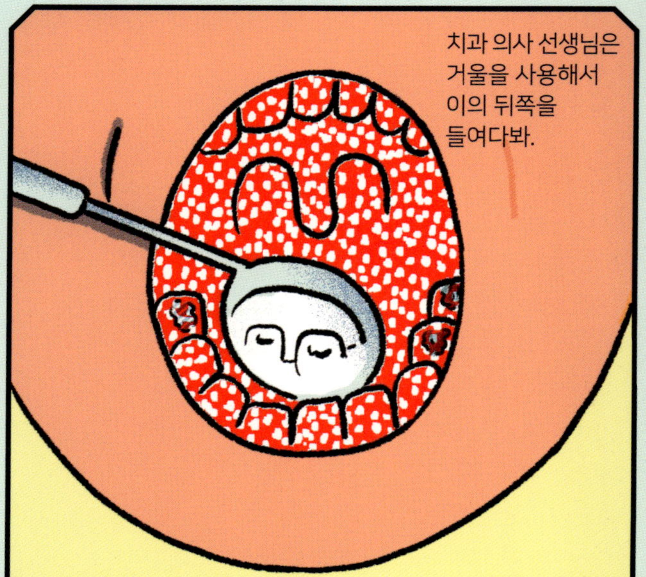

충전재가 뭘까?

치과 의사는 이가 썩어서 구멍이 난 곳을 충전재로 채워. 이렇게 하면 이가 더 썩는 것을 막아줘. 그림을 보면, 썩어서 이에 난 구멍이 보이니? 그리고 치과 의사 선생님이 채운 충전재도 보이니?

들여다보기

입속에 무슨 일이 벌어지고, 이가 어떻게 작동하는지 확인해보자.

깨물면 무슨 일이 발생할까?

아그작! 턱에 있는 강력한 근육이 함께 작동해. 먼저 아래턱이 뭔가를 깨물면, 근육이 턱을 위아래로 그리고 좌우로 움직여줘. 뒤쪽 큰 어금니는 과일을 죽과 같이 만들어줘. 네가 음식을 씹고 나면 꿀꺽하고 음식을 삼키지.

피부와 털

사람의 몸엔 털이 얼마나 많을까?

엄청나게! 다 큰 어른의 몸에는 머리끝부터 발끝까지 500만 개가 넘는 털이 자랄 수 있어. 이는 원숭이만큼이나 털이 많은 건데, 사람의 털은 더 짧고 얇아서 눈에 잘 안 보여.

사람의 몸은 털, 피부 그리고 손톱, 발톱으로 덮여있어. 피부는 몸의 방수 포장재와 같아. 피부는 몸 내부의 기관들을 세균과 같은 이물질로부터 보호해줘.

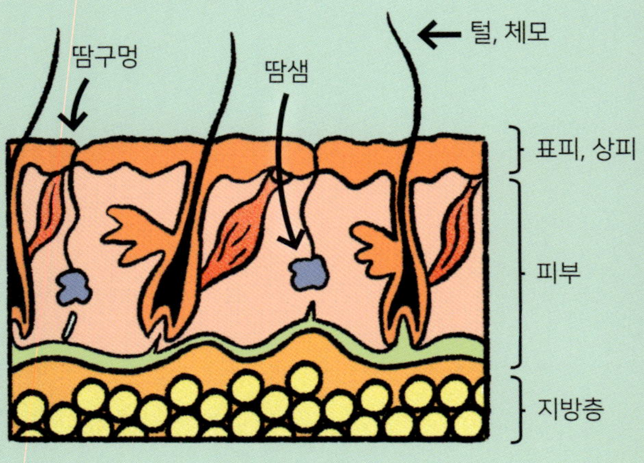

피부 아래에는 무슨 일이 벌어지고 있을까?

이 그림은 표피, 피부 그리고 지방층이라고 불리는 피부의 3개의 단층을 자세하게 보여주고 있어.

안팎으로 찾아보자

너는 다음의 것들을 찾기 위해 마술 돋보기가 필요할 거야.

❶ 표피, 상피	❻ 땀샘
❷ 피부	❼ 구멍
❸ 지방층	❽ 손끝
❹ 모낭	❾ 신경
❺ 모근	❿ 손톱

들여다보기

피부 아래에는 무슨 일이 벌어질까?

피부 아래에

❶ 피부의 가장 겉면을 **표피** 또는 **상피**라고 불러. 표피는 안쪽에 있는 피부를 안전하게 보호해줘. 표피는 보통 죽은, 비늘 모양의 피부로 구성되어있어.

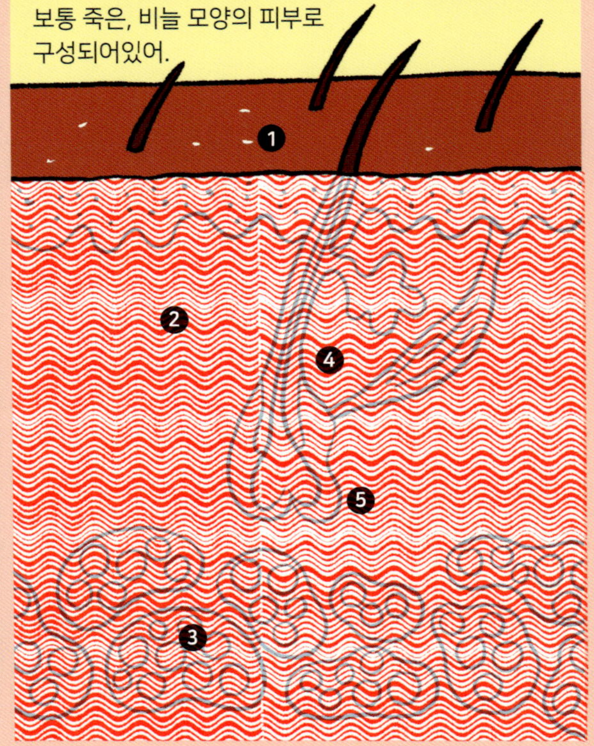

❷ 표피 밑에는 **피부**가 있어. 이 두꺼운 겹의 피부는 혈관과 신경의 끝부분으로 가득 차 있어. 신경의 끝은 몸이 열기, 찬기 그리고 고통을 느끼고 감지하는 것을 도와줘.

❸ 피부 아래층에는 **지방층**이 있어. 여기에는 에너지가 저장되어있고, 몸을 따듯하게 유지해주는 역할을 하기도 해.

❹ 피부 깊숙한 곳에는 자그마한 터널이 존재하는데, 이들이 바로 **모낭**이야. 한 개의 털 모낭에는 여러 가닥의 부드러운 털이 자라.

❺ 털의 뿌리 부분인 **모근**은 모낭의 가장 아래쪽에 있어.

시원하게 유지하기

❻ 땀은 몸이 시원함을 유지하게 도와줘. 땀이 마르면서 체온을 떨어뜨리거든. **땀샘**에서는 땀을 생성해.

❼ 땀은 **땀구멍**이라고 하는 작은 구멍을 통해서 바깥으로 나오게 돼.

태양 아래에서 어떻게 안전할 수 있을까?

햇볕은 따뜻하고 편안하게 느껴질 수 있어. 하지만 햇빛을 너무 많이 쐬면 건강을 해칠 수도 있지. 햇빛은 피부의 가장 겉면을 태우고, 껍질이 벗겨지게 할 수 있어. 날씨가 굉장히 뜨거울 때는, 직사광선을 피하는 게 좋아. 몸을 가리기 위해서 모자를 쓰거나 긴소매 옷을 입거나, 몸에 선크림을 발라줘야 해.

털은 왜 필요한 걸까?

머리에서 나는 머리카락은 머리를 따뜻하게 해주고 몸에 자라는 수천 개의 미세한 털은 몸이 너무 덥거나 춥지 않은 적정한 온도를 유지할 수 있게 해줘. 머리카락은 또한 뜨거운 태양으로부터 두피를 보호해줘.

너는 직모니 아니면 곱슬머리니? 머리카락의 종류는 모낭의 모양에 따라 달라져. 머리카락의 모낭을 다양한 모양의 터널이라고 상상해봐. 머리카락은 모낭에서부터 자라니까.

직모는 동그란 모낭에서부터 자라

구불구불한 머리카락은 타원형의 모낭에서부터 자라

곱슬머리는 납작한 타원형의 모낭에서부터 자라

손가락과 발가락

❽ **손가락 끝**에는 수많은 촉감 수용기가 모여있어.

❾ **신경**은 신호를 뇌로 보내줘서 각 종류의 자극을 느끼게 해줘. 간질간질한 모래 알갱이부터 축축한 물방울까지.

❿ **손톱 발톱**은 손가락과 발가락 끝을 보호하기 위해 죽은 세포로 이루어진 딱딱한 껍질이야. 새로운 세포가 자라면서 손톱과 발톱의 껍질이 위로 이동하면서 점점 자라게 돼. 손톱, 발톱은 케라틴이라고 불리는 단단한 성분으로 구성되어있어. 케라틴은 머리카락에서도 발견되기도 해.

뼈

몸속에 뼈가 없다고 상상해봐.

넌 액괴처럼 될 거야! 200개가 넘는 다양한 모양과 크기의 뼈들이 골격이라고 불리는 너의 몸의 뼈대를 구성하고 있어. 피부 아래 너의 뼈가 만져지니?

딱딱한 뼈들은 몸 안에 있는 뇌와 심장과 같이 부드러운 내장 기관들을 보호해. 반면에 탄성이 있는 근육은 몸을 움직이기 위해 뼈를 잡아당기기도 해. 예를 들어 손에 있는 근육은 우리가 손을 흔들게 하거나 연필을 잡게 해주고, 다리에 있는 근육을 우리를 달리고 점프할 수 있게 해줘.

안팎으로 찾아보자

너는 다음의 것들을 찾기 위해 마술 돋보기가 필요할 거야.

1. 뼈대, 골격
2. 두개골
3. 관절
4. 어깨
5. 갈비뼈
6. 팔꿈치
7. 척추
8. 고관절
9. 무릎
10. 발목

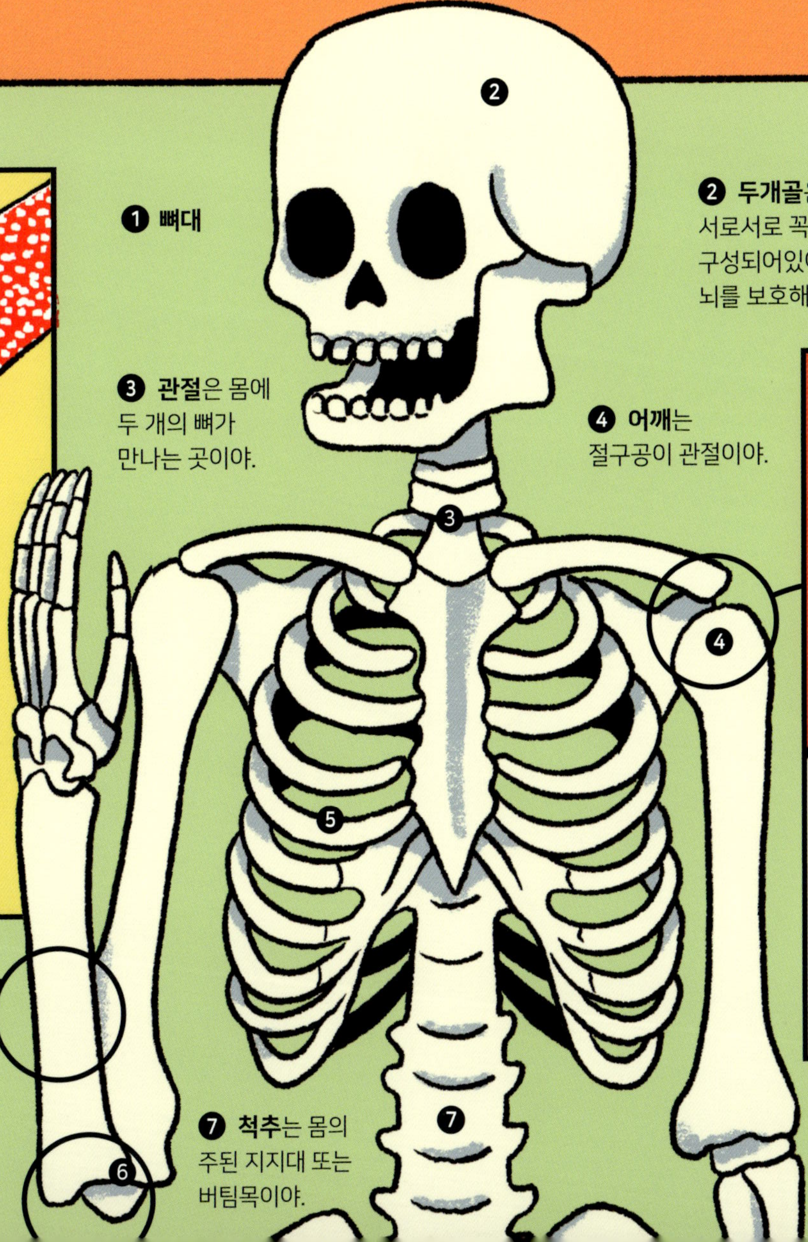

뼈 안에는 뭐가 있을까?

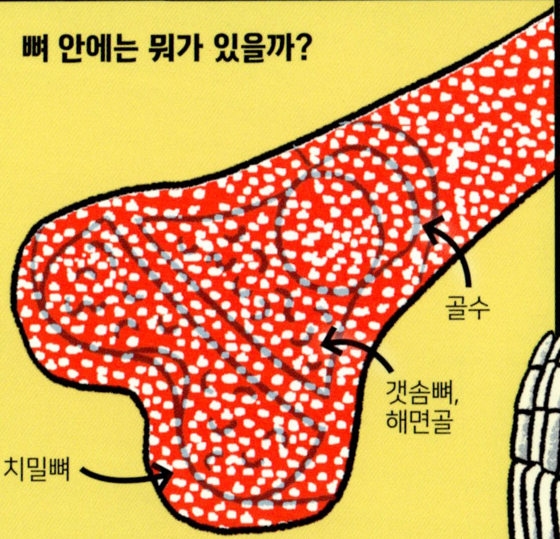

뼈는 단단하고 대단히 가벼워.
뼈의 겉은 단단하고 밀도가 높아. 그 안쪽에는 벌집같이 생긴 갯솜뼈 또는 해면골이라는 게 있어. 뼛속 가운데 쪽에는 새로운 혈구 세포를 만들어내는 것을 도와주는 부위인 젤리 같은 골수가 있어.

❶ **뼈대**

❷ **두개골**은 퍼즐처럼 서로서로 꼭 맞는 모양의 뼈로 구성되어있어. 두개골은 연약한 뇌를 보호해줘.

❸ **관절**은 몸에 두 개의 뼈가 만나는 곳이야.

❹ **어깨**는 절구공이 관절이야.

❺ **갈비뼈**라고 불리는 휘어진 뼈는 연약한 심장과 폐를 보호하기 위한 우리를 만들어.

❻ **팔꿈치**는 경첩관절이야.

❼ **척추**는 몸의 주된 지지대 또는 버팀목이야.

절구공이 관절은 무엇일까?

절구공이 관절은 뼈가 여러 방향으로 움직일 수 있게 해주는 관절이야. 할 수 있다면, 팔을 움직이는 동안 어깨를 만져봐. 그리고 공 모양의 뼈가 컵 모양의 소켓이라 불리는 뼈 안에 들어가 있는 모양을 상상해봐.

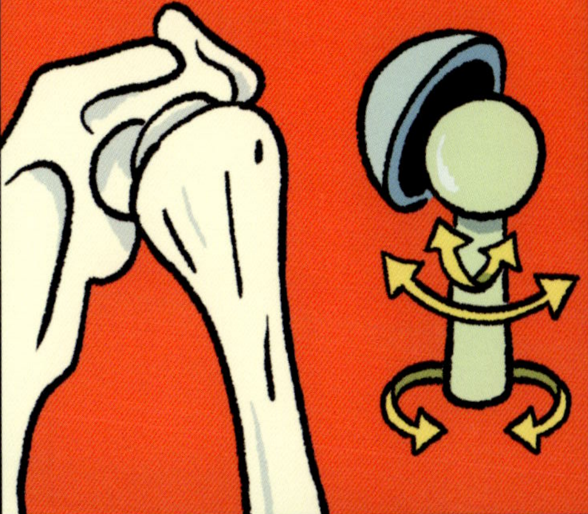

들여다보기

뼈가 어떻게 몸을 움직이게 하는지 알아보자.

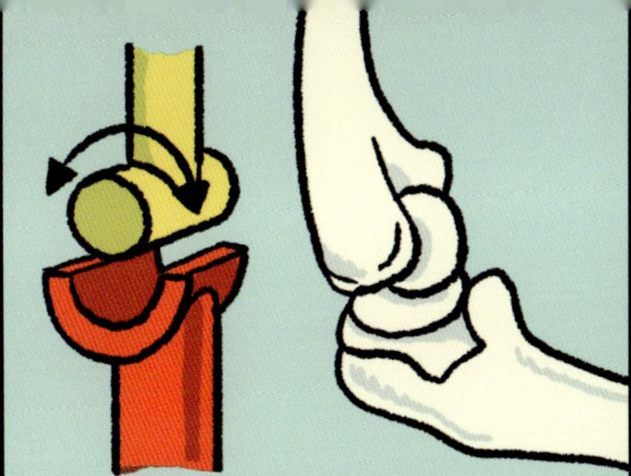

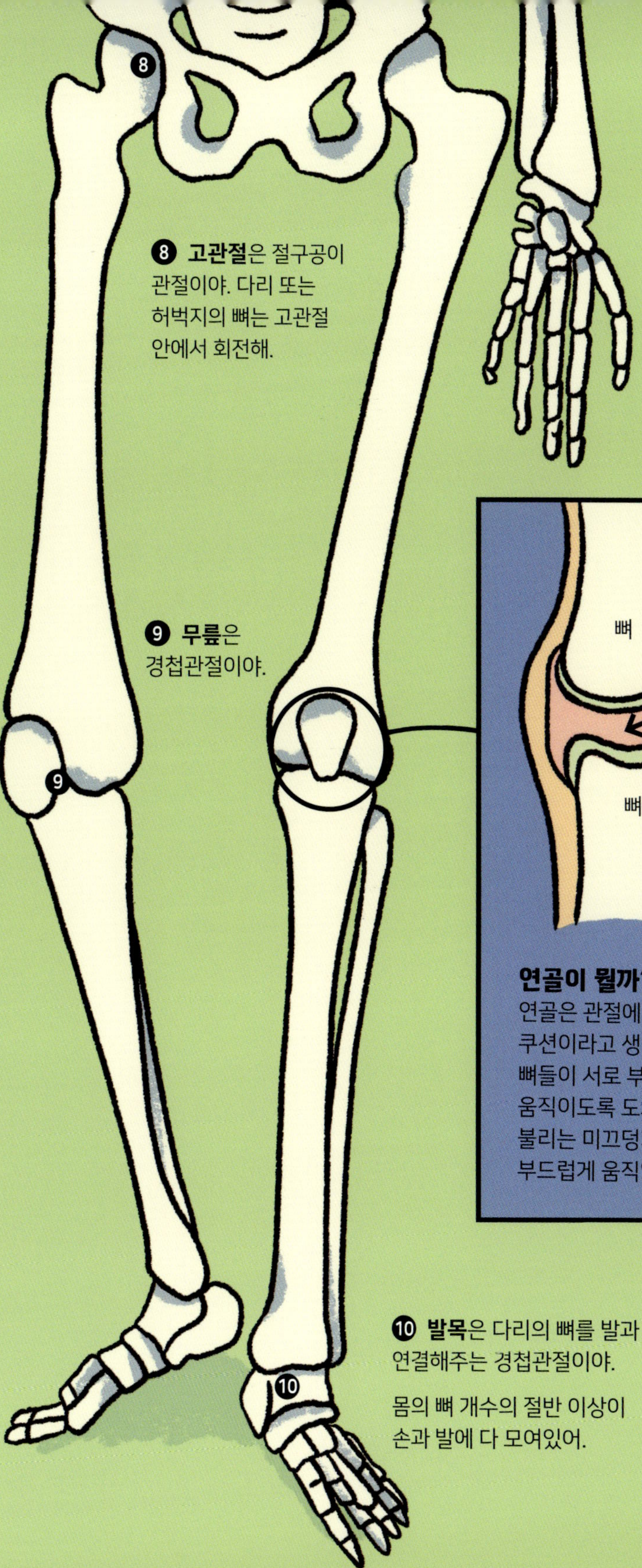

8 고관절은 절구공이 관절이야. 다리 또는 허벅지의 뼈는 고관절 안에서 회전해.

9 무릎은 경첩관절이야.

10 발목은 다리의 뼈를 발과 연결해주는 경첩관절이야.

몸의 뼈 개수의 절반 이상이 손과 발에 다 모여있어.

경첩관절은 뭘까?

경첩관절은 문에 달린 경첩과 비슷한 방법으로 작동하는 관절이야. 할 수 있다면, 팔을 구부릴 때 팔꿈치를 만져봐. 관절이 문이 열고 닫힐 때 그런 것처럼 구부러졌다가 펴지는 게 느껴지니?

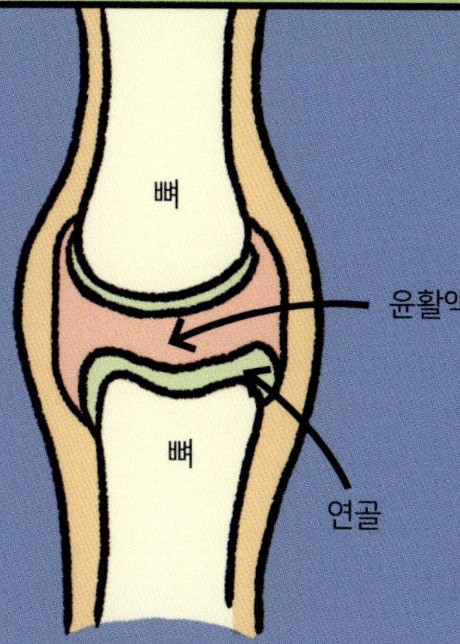

연골이 뭘까?

연골은 관절에 존재하는 한 겹의 쿠션이라고 생각하면 돼. 연골은 뼈들이 서로 부딪힐 때 부드럽게 움직이도록 도와줘. 윤활액이라고 불리는 미끄덩거리는 액체는 관절이 더 부드럽게 움직일 수 있도록 도와줘.

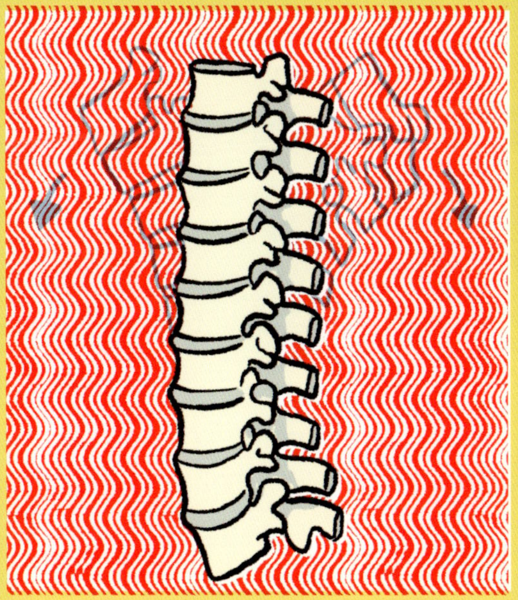

척추는 어떻게 구부려질까?

척추 또는 등뼈는 두개골 바로 아래부터 쭉 등을 따라 연결되어 있어. 척추는 등골뼈라고 불리는, 디스크처럼 생긴 총 33개의 뼈로 구성되어있어. 이 뼈들은 서로 연결되어서 구부러질 수 있는 유연한 기둥을 구성하고 있어.

근육

팔이 팔꿈치를 들어 올릴 때 팔 안에는 무슨 일이 벌어질까? 들고 견뎌보자, 1초, 2초, 3초, 4초!

이두박근과 삼두박근이라고 불리는 한 쌍의 근육이 팔의 뼈를 당겨서 팔을 들어올리기 위해 함께 작용해.

종종 근육은 짝지어서 작동해. 팀워크인 거지. 뼈대 전체에 걸쳐서 600개 이상의 근육들이 뼈를 잡아당기면서 몸을 이런저런 모양으로 움직이게 해줘.

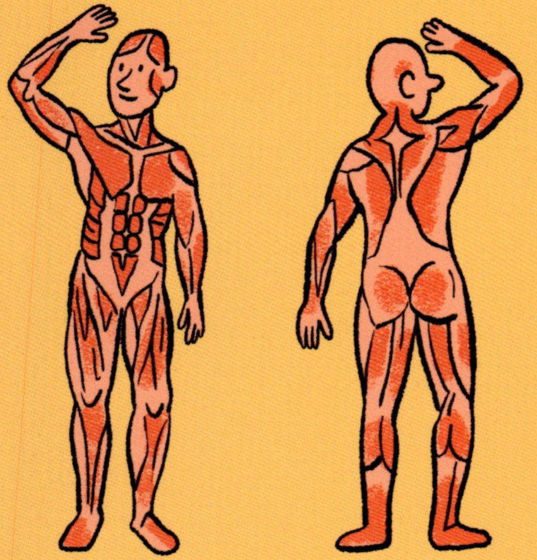

몸 어디에 근육들이 있을까?

근육은 몸 여기저기 전체에 다 있어. 이 그림은 머리끝부터 발끝까지의 근육을 보여줘.

안팎으로 찾아보자

너는 다음의 것들을 찾기 위해
마술 돋보기가 필요할 거야.

- ❶ 뼈
- ❷ 이두박근
- ❸ 삼두박근
- ❹ 어깨뼈, 견갑골
- ❺ 안면 근육
- ❻ 대둔근
- ❼ 꼬리뼈

근육은 밀고 당겨

❶ **뼈**를 움직이기 위해, 서로 반대쪽에 붙어있는 근육들이 짝을 지어 움직여. 한쪽의 근육은 수축하거나 당기고 반대쪽은 이완을 시켜. 이것은 근육은 당기는 것은 할 수 있어도 밀어내는 것은 할 수 없기 때문이야.

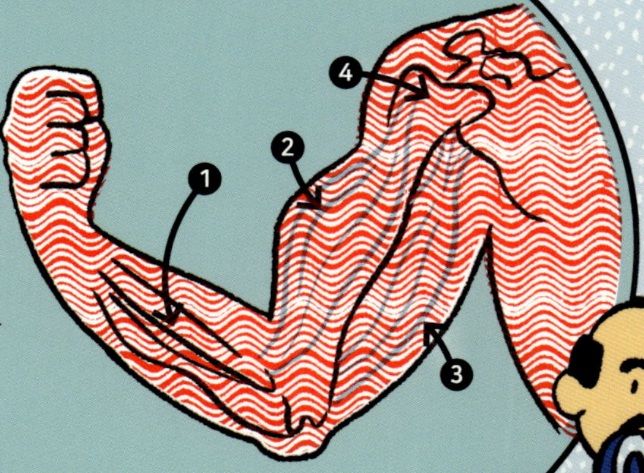

팔이 들어 올려지면,
두 가지가 발생해:

❷ **이두박근**은
수축하면서 넓적해지고
짧아져.

❸ **삼두박근**은
이완이 되면서 가늘고
길어져. 이 두 가지의
근육들은 이렇게 함께
팔의 아래쪽을
들어 올려.

❹ **어깨뼈**는
이두박근과 삼두박근을
제 자리에 고정시켜줘.

힘을 빼고 이완시켜보자.

팔을 다시 펴면,
반대의 상황이 발생해.

❸ **삼두박근**이 수축하거나
짧아져.

❷ 반면에, **이두박근**은 이완해.
삼두박근은 팔의 아래쪽을 다시
밑으로 잡아당겨. 팔은 다시
일자로 펴져.

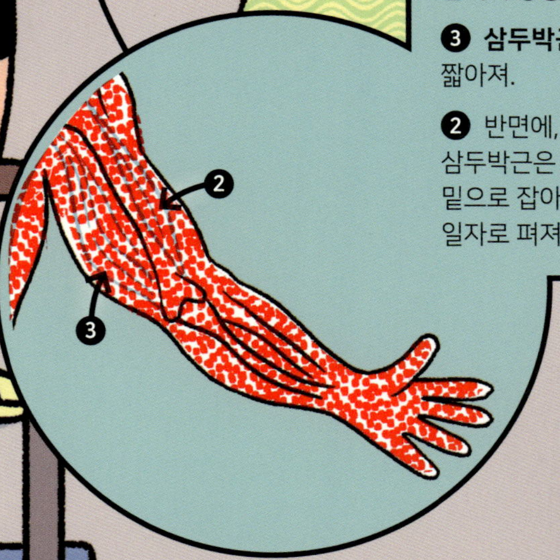

들여다보기

근육과 뼈가 어떻게 함께 작동하는지 탐구해보자.

엄청 튼튼한 엉덩이

❻ 엉덩이에 있는 근육을 우리는 **대둔근**이라고 불러. 대둔근은 몸에 있는 근육 중에 가장 큰 근육이야. 대둔근은 몸이 바로 설 수 있게 도와주고 우리가 걷고 뛸 수 있게 해줘.

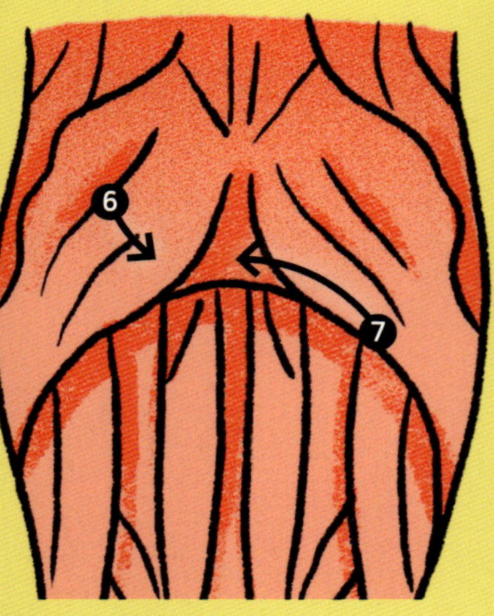

❼ 대둔근은 미골이라고도 불리는 **꼬리뼈**와 같은 주변의 뼈와 연결되어 있어.

운동은 뼈와 근육을 튼튼하게 만들 수 있도록 도와줘. 그리고 에너지를 끌어올릴 수 있도록 도와주기도 해.

근육과 뼈는 어떻게 서로 연결되어 있을까?

근육의 끝부분은 힘줄이라고 불리는 강력한 조직 다발로 뼈에 연결되어 있어. 아킬레스건은 종아리 근육을 발꿈치뼈와 연결해줘.

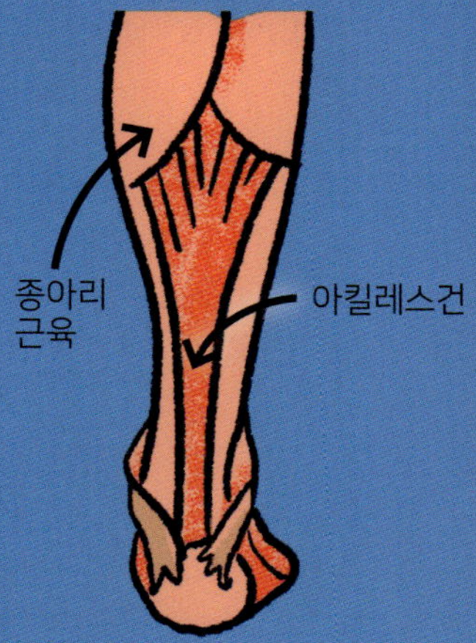

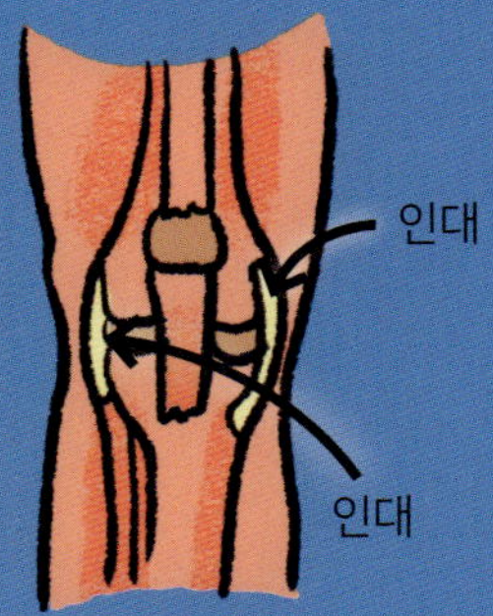

뼈들은 관절에 인대로 연결되어 있어. 인대는 강력한 조직 다발로 이루어져 있어. 다리에는 무릎 인대가 허벅지와 정강이뼈를 연결해주지.

치즈라고 해보자!

❺ 얼굴에서, **안면 근육**은 눈, 입 그리고 다른 부분들을 움직이는 것을 도와줘. 이러한 근육들은 너가 눈을 깜빡이고 말하고 밥을 먹는 것을 도와줘. 한 번 미소를 지어보자. 너는 지금 안면 근육을 이용하고 있는 거야.

폐

왜 운동하면 숨이 가빠질까?

운동하는 동안, 우리 몸은 근육이 평소보다 더 열심히 일할 수 있게 더 빠르게 공기 중에 있는 많은 양의 산소를 들이켜. 휴!

너의 폐는 가슴 안에 있어. 너는 코와 입을 통해 공기를 들이마시고 내쉬어. 폐는 몸이 계속 움직일 수 있게 공기 중의 산소를 가져다가 공급해줘.

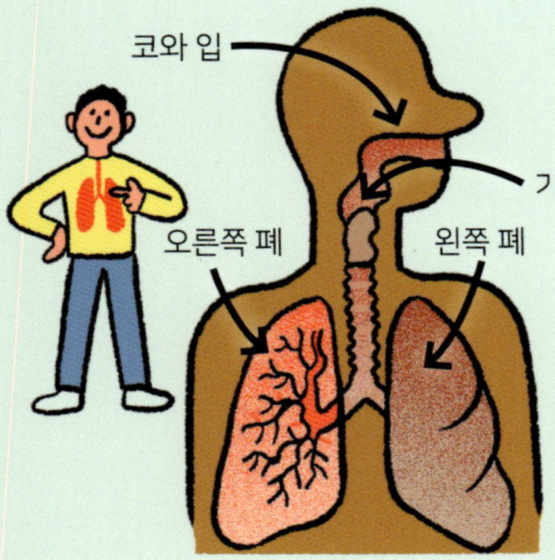

공기는 어떻게 폐로 이동할까?

이 그림은 공기가 어떻게 입과 코를 통해, 기관을 따라 폐로 이동하는지 보여줘.

안팎으로 찾아보자

너는 다음의 것들을 찾기 위해 마술 돋보기가 필요할 거야.

- ❶ **기관**
- ❷ **후두**
- ❸ **폐**
- ❹ **흉곽**
- ❺ **횡경막, 가로막**
- ❻ **기관지**
- ❼ **세기관지**
- ❽ **허파꽈리, 폐포**

들여다보기

네가 숨을 들이쉬고 내쉴 때 네 몸 안에는 무슨 일이 일어나는지 알아보자.

숨을 들이쉴 때 무슨 일이 발생할까?

숨을 들이쉴 때 손을 갈비뼈에 올려놔 보자. 너의 갈비가 위아래로 움직이는 게 느껴지니? 이것은 가슴 안에 더 많은 공간을 마련할 수 있게 도와줘.

❶ 코와 입을 통한 공기는 **호흡기관**을 통해 폐로 이동하게 돼. 기관의 안쪽 면은 아주 미세한 털이 뒤덮여 있어서 먼지와 균을 걸러 내줘.

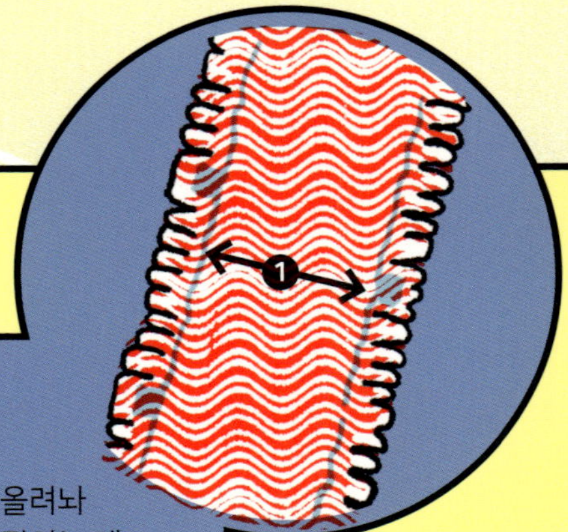

❸ **폐**는 두 개의 스펀지 형태의 주머니와 같아. 하나는 가슴의 왼쪽에 있고 다른 하나는 오른쪽에 있어.

왼쪽 폐는 심장을 위한 공간을 만들고 폐에 있는 점액은 세균을 걸러내.

기침하게 되면 이 점액에 걸러진 세균이 다시 몸 밖으로 나와.

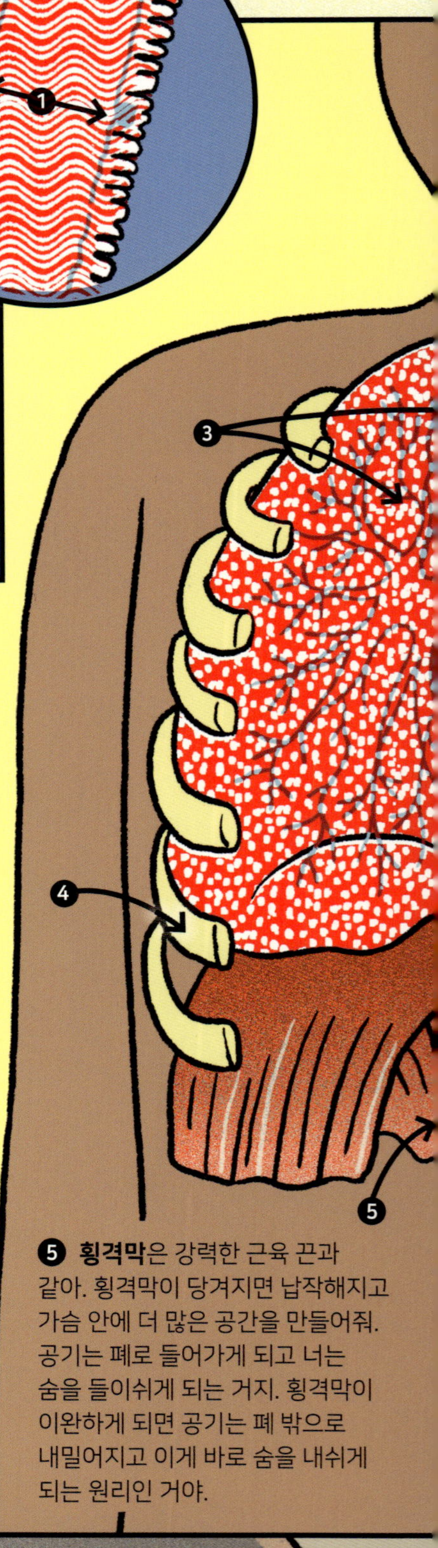

❹ **갈비뼈**는 폐와 심장을 보호해.

❺ **횡격막**은 강력한 근육 끈과 같아. 횡격막이 당겨지면 납작해지고 가슴 안에 더 많은 공간을 만들어줘. 공기는 폐로 들어가게 되고 너는 숨을 들이쉬게 되는 거지. 횡격막이 이완하게 되면 공기는 폐 밖으로 내밀어지고 이게 바로 숨을 내쉬게 되는 원리인 거야.

❷ **후두**는 기관의 일부에 해당해. 공기는 성대 사이에 만들어지는 작은 틈새를 통해 이동하고 그러면 소리가 나와. 네가 말을 할 때, 일부 소리는 후두에서 나와.

숨을 내쉴 때는 어떤 일이 벌어질까?

너의 손을 갈비뼈에 올려놓고 숨을 내쉬어 보자. 너의 갈비뼈가 가라앉는 게 느껴지니? 너의 가슴 안에는 이제 공간이 줄어들었어. 그래서 다 사용하고 난 공기가 바깥으로 내쉬어져. 그렇게 해서 다음에 신선한 공기가 들어올 공간을 마련하는 거야.

천식은 뭘까?

천식은 숨 쉬는 것을 어렵게 만드는 질병이야. 천식은 폐 안에 있는 튜브들이 좁아지거나 부풀어 오를 때 발생해. 흡입기는 튜브들의 통로를 넓히는 것을 도와줘. 그래서 공기가 폐에 더 쉽게 들어가도록 해줘. 알레르기는 천식을 더 악화시킬 수 있어.

폐 안에서

❻ 각각의 폐 안에서 공기는 **기관지**라고 불리는 커다란 튜브를 통해 이동해. 이 기관지는 더 작고 작은 튜브들로 연결되어 있는데, 이 튜브들은 나무가 거꾸로 서 있는 것 같이 생겼어.

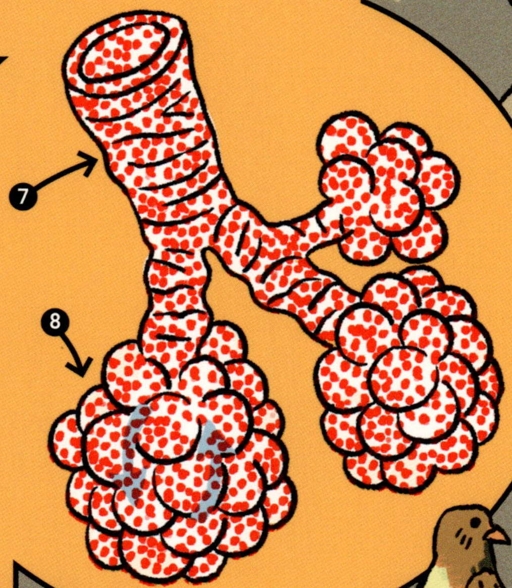

❼ 가장 작은 튜브들은 **세기관지**라고 불려.

❽ 각각의 세기관지 끝에는 포도같이 생긴, **허파꽈리**라고 불리는 아주 작은 주머니들이 있어. 산소는 이 동글동글한 주머니의 벽을 통해 피로 새어 들어가.

폐와 심장은 공기 중의 산소를 혈관으로 이동시키고 몸 전체에 공급해주기 위해 함께 일 하는 사이야.

딸꾹질은 뭘까?

딸꾹질은 횡격막이 갑자기 조여지고, 공기를 빨아들일 때 발생해. 그다음에 성대가 소리를 내며 닫혀. 딸꾹질은 여러 가지 원인으로 시작될 수 있어. 갑자기 많은 양의 음식을 먹거나 탄산음료를 마시는 것도 원인이 될 수도 있어.

딸꾹!

심장

심장은 쉬지 않고 무슨 일을 할까?

심장은 온몸 구석구석에 피를 보내기 위해 펌프질을 해 – 아마 1분 안에 몸 한 바퀴를 돌 거야. 심장은 마치 멈추지 않는 펌프질하는 엔진과 같아.

1분에 약 70회 정도로 심장은 산소와 네가 먹은 음식의 영양분으로 가득한 피를 온몸 구석구석으로 보내줘. 심장은 너의 생명을 유지해주는 아주 중요한 장기야.

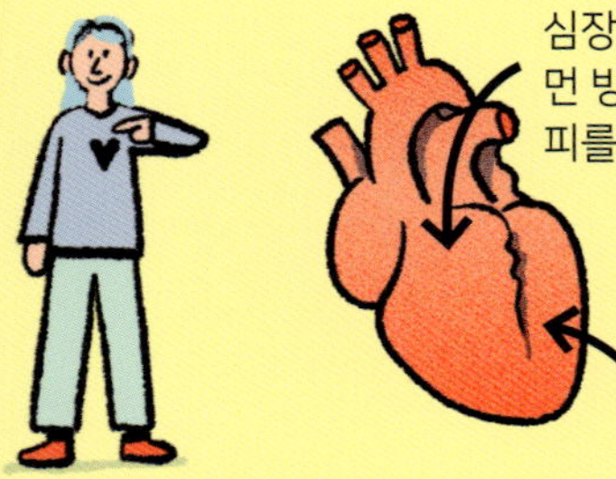

심장은 어디에 있을까?

심장은 너의 가슴 안에 있어. 이 그림을 통해서 너의 심장은 온몸에 피를 보내기 위해 두 개의 방이 펌프질하는 것을 볼 수 있어.

안팎으로 찾아보자

너는 다음의 것들을 찾기 위해 마술 돋보기가 필요할 거야.

1. **혈장**
2. **적혈구**
3. **혈소판**
4. **백혈구**
5. **심장**
6. **폐**
7. **판막**
8. **모세혈관**
9. **동맥**
10. **정맥**

피 안에는 뭐가 있을까?

1 피는 대부분 수분으로 구성된 **혈장**이라고 불리는 액체와 적혈구, 혈소판, 백혈구라고 불리는 세 가지의 피 세포로 만들어져.

2 피의 절반 정도는 **적혈구**로 만들어져. 이 적혈구는 다른 세포들에게 산소를 가져다주고 그 세포들로부터 이산화탄소를 제거해줘. 이 그림은 피 세포들을 실제 크기보다 훨씬 크게 그려놓은 거야. 마치 현미경으로 보는 것처럼.

3 **혈소판**은 피가 멈추거나 걸쭉하게 만들어줘. 상처에 딱지가 앉게도 해주지.

4 **백혈구**는 감염을 막기 위해 싸우는 역할을 해. 백혈구는 세균을 사냥해서 죽이는 역할을 해.

들여다보기

너의 심장이 뛸 때 무슨 일이 발생하는지 알아보자.

운동은 심장이 강해지도록 도와주고 가능한 한 최상의 컨디션을 유지할 수 있도록 도와줘.

심장은 피를 어떻게 온몸 구석구석으로 펌프질할까?

❺ **심장**은 마치 두 개의 방이 연결된 펌프를 가지고 있는 기계처럼 일해. 한쪽의 방은 산소를 받기 위해 폐로 피를 보내주고, 반대쪽은 산소가 가득 찬 피를 온몸 구석구석으로 보내줘.

❻ 피는 심장으로부터 펌프질 되어 온몸을 돌아다닌 후 다시 심장으로 돌아와. **폐**와 심장은 피에 항상 산소가 가득 차게끔 함께 일해.

이쪽의 심장이 산소를 받기 위해 피를 폐로 보내줘.

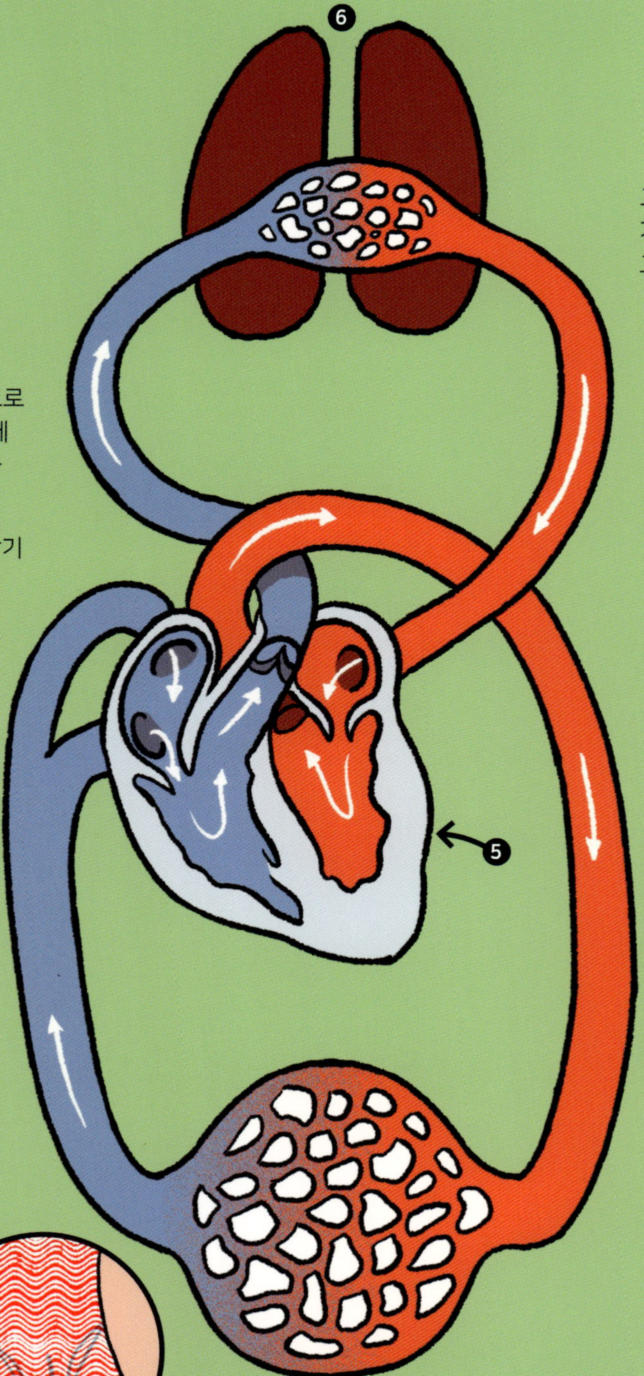

그러면 이쪽 심장이 산소가 가득 찬 피를 몸으로 펌프질해줘. 그리고 이 동작은 계속 반복되지.

❼ 각각의 심장은 피의 흐름을 조절하기 위해 여닫을 수 있는 **판막**이 있어.

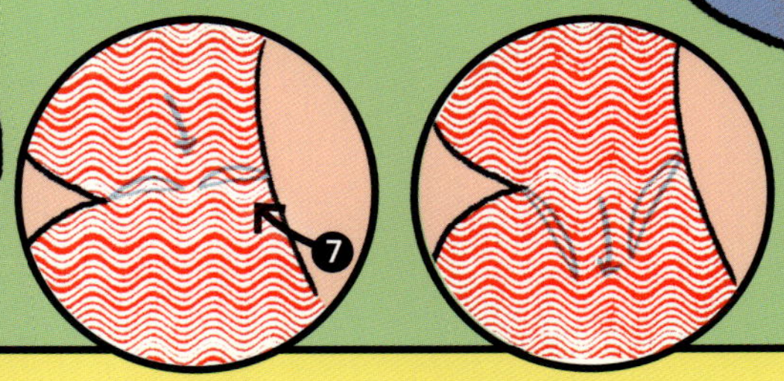

피는 어떻게 흐를까?

피는 심장으로부터 혈관을 통해 흘러 가. 이 혈관들은 마치 몸 전체에 퍼져 있지만, 심장으로 다시 연결되는 도로와 같아. 혈관은 세 종류가 있어.

❽ **모세혈관**은 가장 작은 혈관이야. 산소는 모세혈관의 얇은 벽을 통해 이동할 수 있어.

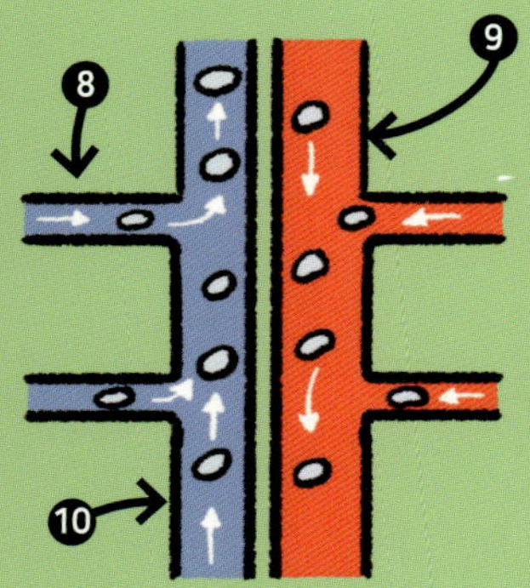

❾ **동맥**은 심장으로부터 피를 몸의 다른 부위로 이동시켜주는 두꺼운 튜브야.

❿ **정맥**은 몸에 운반된 피를 다시 심장으로 이동시켜주는 얇은 튜브야.

먹고 마시기

실례합니다! 너의 배가 우르르 꽝꽝거릴 때 무슨 일이 발생하고 있는 걸까?

이는 공기 방울들이 음식과 체내의 액체와 섞일 때 나는 소리야. 너의 저녁은 너의 몸을 통과하는 중이야.

너의 입에서부터 시작해서 아래까지 연결된 아주 긴 튜브를 통해 음식은 계속 이동하고 있어. 길을 따라가는 동안 영양소라고 불리는 좋은 것들은 몸에 의해 흡수가 돼. 이러한 음식의 이동 과정을 우리는 소화라고 불러.

안팎으로 찾아보자

너는 다음의 것들을 찾기 위해 마술 돋보기가 필요할 거야.

❶ 이, 이빨	❽ 쓸개, 담낭
❷ 혀	❾ 소장
❸ 후두개	❿ 융모
❹ 식도	⓫ 대장
❺ 기도, 기관	⓬ 대변
❻ 위	⓭ 콩팥
❼ 간	⓮ 방광

❶ 먼저, **이**는 음식을 잘게 부숴주고 침이랑 함께 섞어줘. 효소라고 불리는 특별한 단백질은 음식을 잘게 부수는 것을 도와줘.

❷ **혀**는 음식을 입안에서 이동하고 목으로 넘어갈 수 있게 도와줘. 삼킬 시간이야.

❸ **후두개**라고 불리는 덮개는 음식이 잘못된 곳으로 들어가는 것을 막아줘.

들여다보기

몸에서 음식이 어떻게 소화되는지 알아보자. 소화는 몸의 여러 부위의 합력이 필요해.

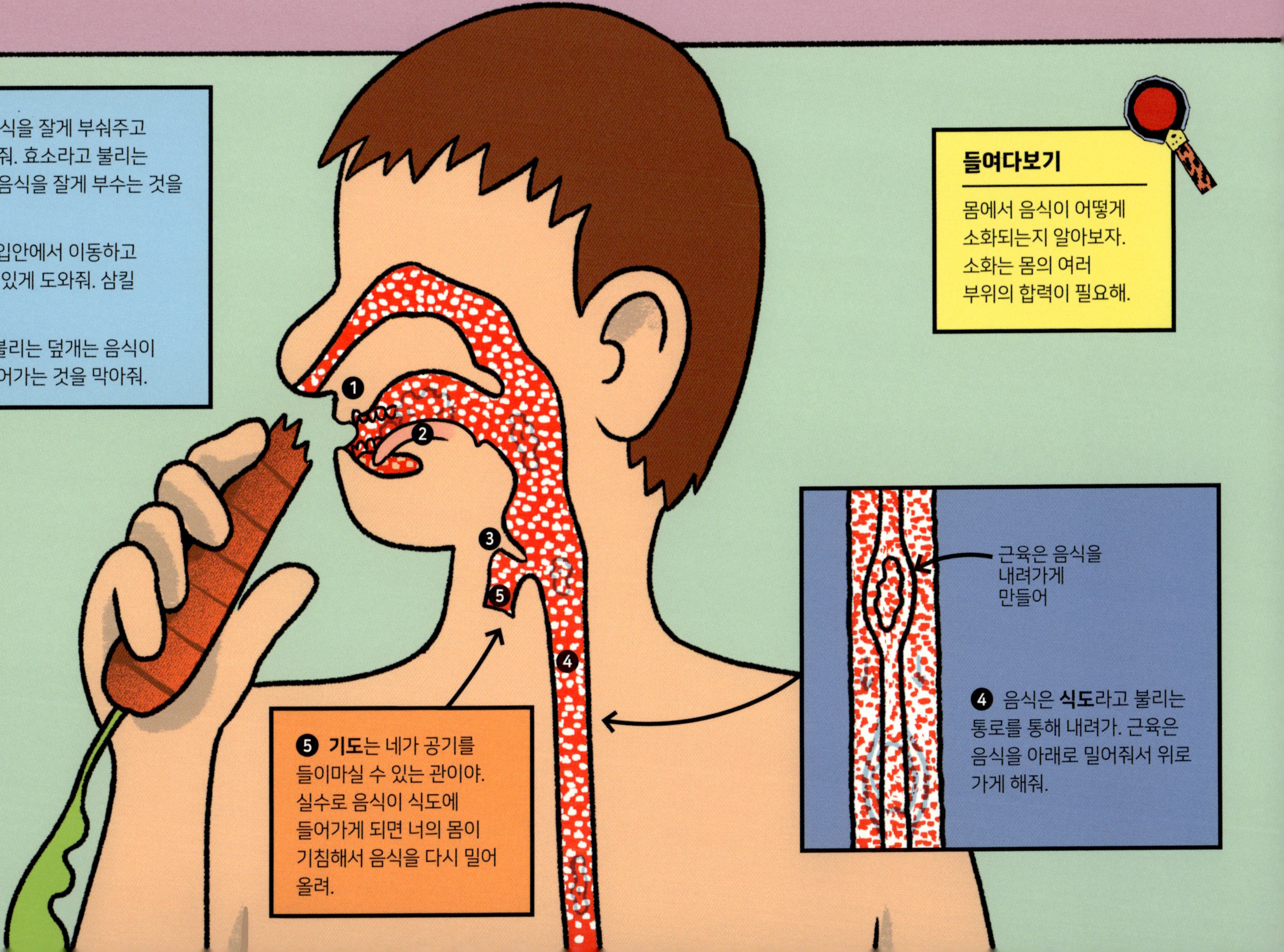

❹ 음식은 **식도**라고 불리는 통로를 통해 내려가. 근육은 음식을 아래로 밀어줘서 위로 가게 해줘.

❺ **기도**는 네가 공기를 들이마실 수 있는 관이야. 실수로 음식이 식도에 들어가게 되면 너의 몸이 기침해서 음식을 다시 밀어 올려.

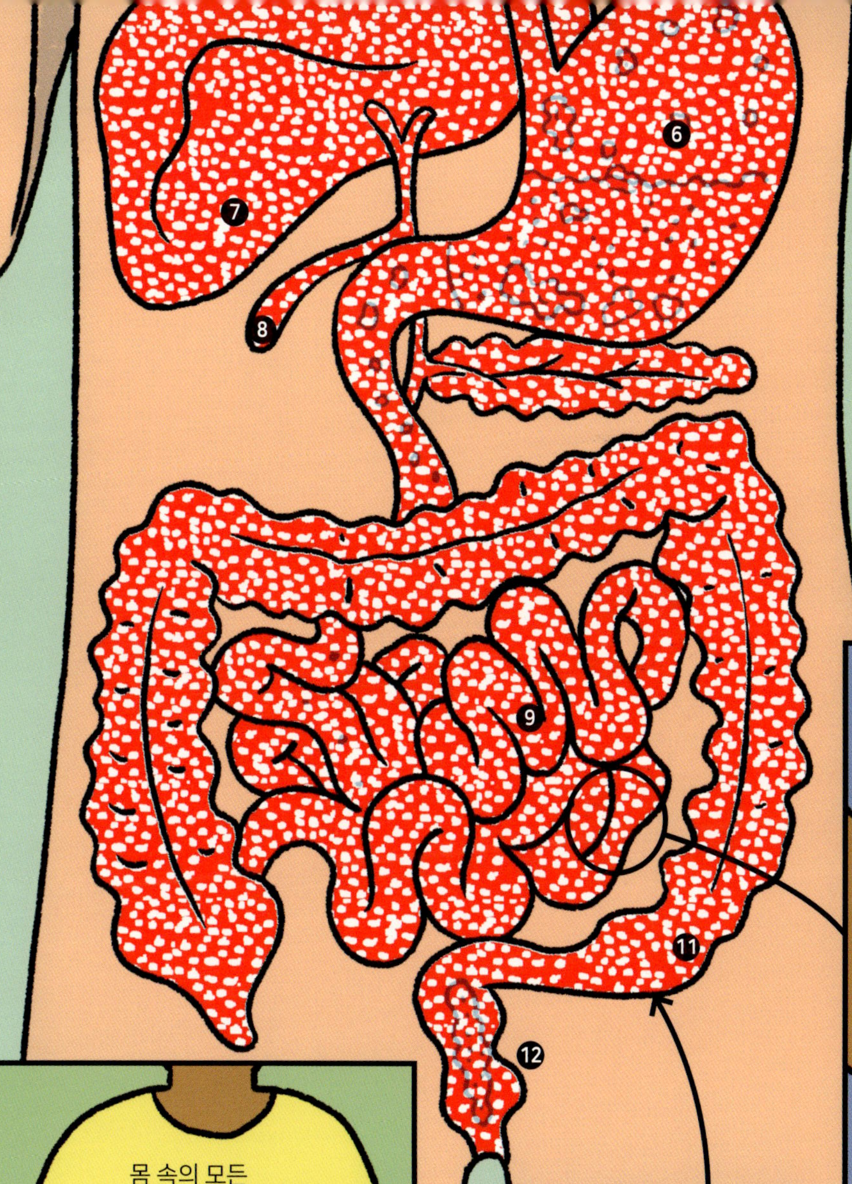

❻ **위** 안에서 근육은 음식이 죽이 될 수 있게 이리저리 섞어줘. 위는 음식을 더 작게 부숴줄 수 있는 산성 액체들로 가득 차 있어.

위가 비어있으면 뇌로 신호를 보내서 네가 배고픔을 느끼게 해. 다시 먹을 시간이야.

❼ **간**은 영양소를 구분하고 저장하는 등의 많은 역할을 해. 간은 담즙이라 불리는 걸쭉한 노란 액체를 만들어. 이는 기름진 음식을 분해하는 데 도와줘.

❽ 영양분은 **쓸개**에서 흡수가 돼. 영양분은 소장의 내벽을 통해 혈관으로 흡수되고, 피를 통해 몸 이곳저곳으로 운반돼.

❾ 영양분은 **소장**에서 흡수가 돼. 영양분은 소장의 내벽을 통해 혈관으로 흡수되고, 피를 통해 몸 이곳저곳으로 운반돼.

❿ 소장의 내벽은 **융모**라고 불리는 아주 미세한 손가락같이 생긴 돌기로 뒤덮여 있어. 그들은 영양소를 흡수하는 것을 도와줘.

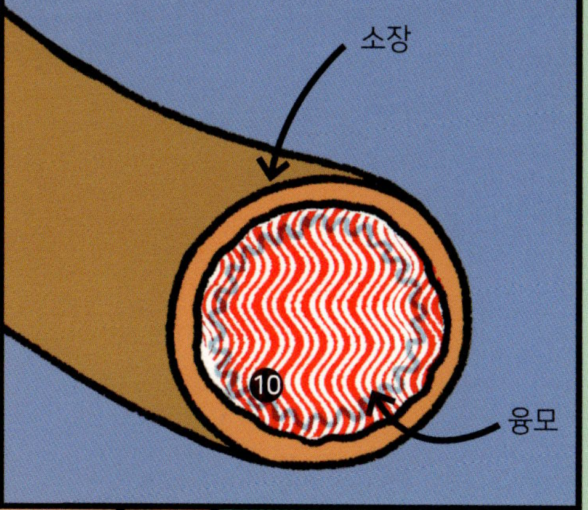

⓫ 음식이 잘게 부서지고 소화가 되고 나면 **대장**에는 수분기가 있는 배설물이 모여. 많은 양의 수분은 다시 혈관으로 흡수되지.

⓬ 마침내 **배설물**은 대변의 형태로 몸 밖으로 내 보내져.

음식이 섭취되고 화장실에서 다시 너의 몸을 통해 밖으로 나오기까지 약 하루 정도 걸려.

소변은 뭘까?

소변은 몸에 필요 없는 액체 형태의 배설물이야.

⓭ **콩팥**은 몸 안에 있는 물의 양을 조절해. 그들은 불필요한 배설물을 씻어내고 남는 물을 저장해. 이 물은 소변으로 바뀌는데, 이는 요도관이라 불리는 두 개의 튜브를 통해 한곳에서 모여져.

⓮ 모든 소변은 팽창할 수 있는 주머니인 **방광**에 모이게 돼. 방광이 가득 차게 되면 너는 쉬가 마려워져서 화장실에 가고 싶게 되는 거야.

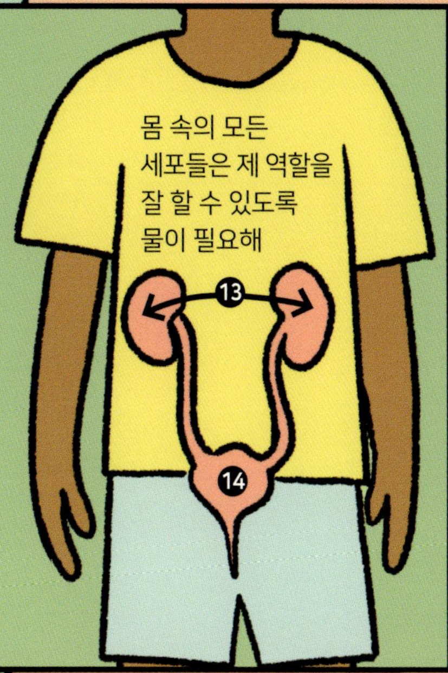

건강을 위해 싸우기

너의 몸이 어떻게 건강을 유지하고 질병과 싸워 이길까?

몸의 여러 부위는 너의 건강을 유지하기 위해 함께 작동해. 네 몸의 가장 유능한 수비수는 면역 체계라고 불려.

보호는 몸 밖에서부터 시작돼. 너의 피부는 몸에 균이 들어오는 것을 방지해. 침은 입안에 들어와 있는 세균을 죽이고, 코 안 쪽에 있는 끈적이는 점액도 세균을 걸러내는 역할을 해.

들여다보기

몸이 어떻게 질병을 싸워 이기는지 알아보자.

세균은 너를 어떻게 아프게 할까?

박테리아와 바이러스를 포함한 모든 종류의 세균은 몸에 침략해서 공격하려고 해. 이런 세균이 몸 안에 들어오면, 이들은 **감염**을 통해 몸에 퍼질 수 있고 너를 아프게 할 수 있어.

몸은 어떻게 감염과 싸울까?

공격할 시간이야! 몸의 백혈구는 **항체**라고 불리는 무기를 만들어. 이 항체들은 세균에 달라붙어서 백혈구들에게 이 세균들이 적이라고 알려줘. 동시에, 다른 백혈구들은 세균을 파괴하기 위해 사냥하기도 해. 그들은 세균을 둘러싸서 가둔 후에 세균을 소화해버려.

일부의 사람들은 더 약한 면역 체계를 가지고 있어. 의사 선생님들은 이들의 면역 체계를 강화하기 위해 특별한 약을 주기도 해.

바이러스는 뭘까?

바이러스는 질병을 일으킬 수 있는 작은 조직이야. 먼저 바이러스는 하나의 세포에 침입해. 그다음에 이 세포는 바이러스 생산 공장이 되어서 이 바이러스의 새로운 복제품들을 만들어내. 이 바이러스들은 점점 더 많은 세포를 감염시켜서 바이러스가 퍼지게 해.

백신은 뭘까?

백신은 몸이 감염병에 걸리는 것으로부터 방지해줘. 보통 백신은 주사로 맞게 돼. 백신은 면역 체계에 어떻게 해당 질병과 싸워 이길 수 있는지 가르쳐줘. 일부 백신들은 너를 해당 질병으로부터 몇 년 동안 지켜줄 수 있어.

아야! 피부에 난 깊은 상처는 외상이라고 불러. 천천히 시간에 걸쳐서 새로운 피부가 다시 자라나서 상처가 아물게 돼.

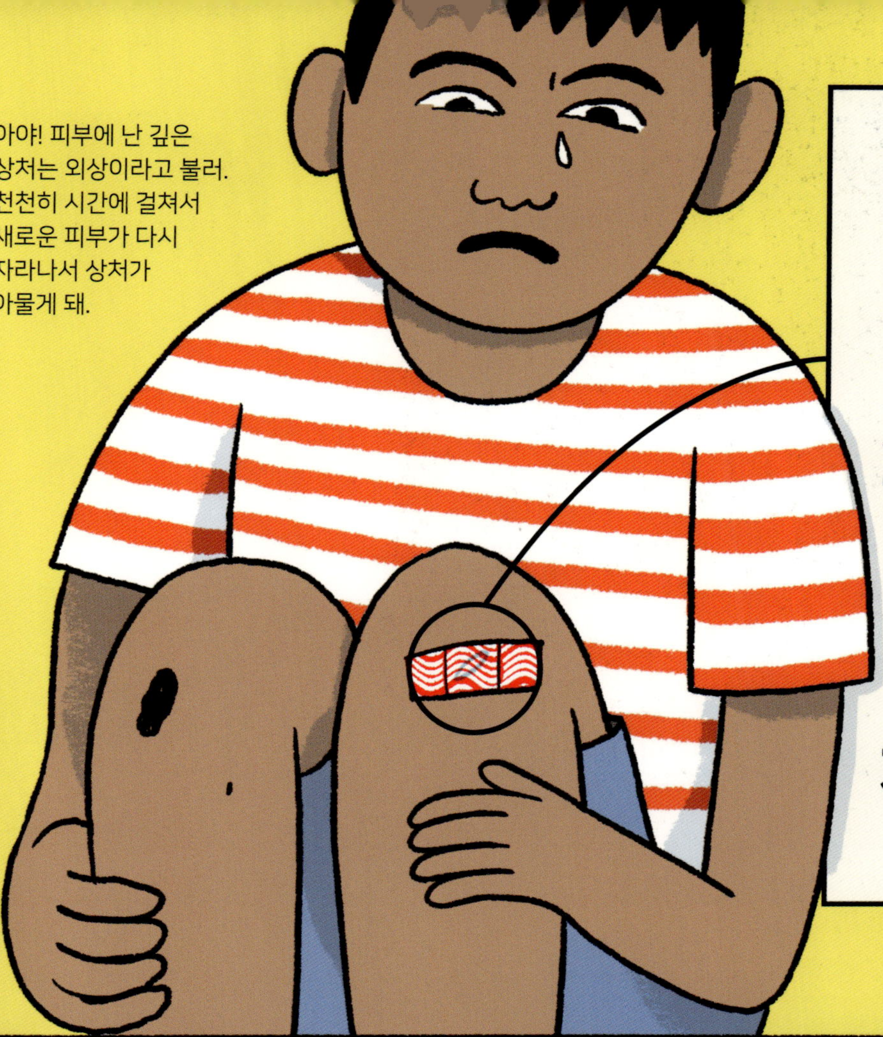

상처는 어떻게 아물게 될까?

피부에 상처가 나면, 몸은 재빠르게 대응하기 시작해.

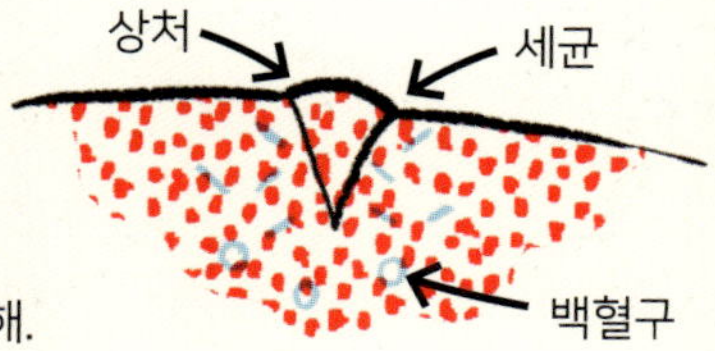

1 백혈구는 빠르게 상처로 모여서 세균을 죽이는 일을 해.

2 혈소판은 상처 주변에 모여서 피를 굳혀 딱지를 만들어. 이는 더 많은 세균이 들어오는 것을 막아줄 거야.

가끔 연녹색 고름이 생기기도 해. 이것은 대부분 세균을 죽인 다음 죽은 백혈구야.

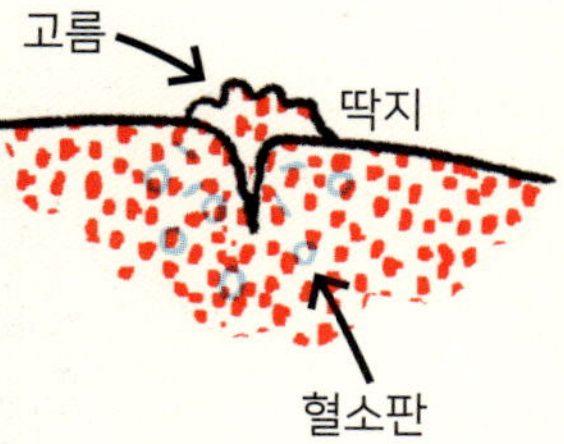

3 시간이 흐르면서 피부는 상처가 다 나아. 곧 딱지가 떨어지고 아래에 새로운 피부가 드러나지.

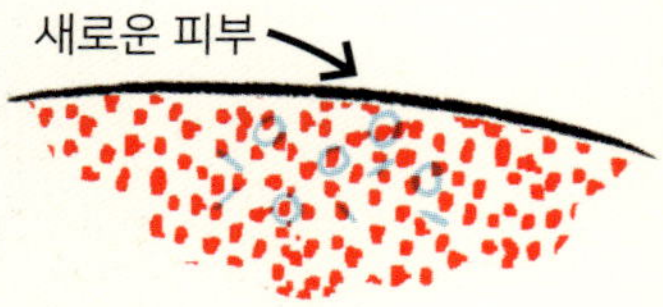

알레르기는 뭘까?

알레르기는 네 몸이 특정한 성분에 대해 마치 그것이 해로운 것처럼 반응하는 것을 의미해. 너는 공기 중에 있는 먼지나 꽃가루, 또는 집에 있는 애완동물 때문에 재채기할 수도 있어. 일부의 알레르기는 너를 숨쉬기 힘들게 하거나 심장에 문제가 생기게 하는 등의 더 위험한 반응을 보일 수 있어.

박테리아는 뭘까?

박테리아는 엄청 작은 생명체야. 각각의 박테리아는 한 개의 세포로 이루어져 있어. 대부분 해가 없고 일부는 우리에게 도움이 되기도 해. 하지만 해로운 박테리아가 몸에 들어오면, 감염을 일으키거나 병에 걸리게 하기도 해.

감염을 멈추게 하는 약에는 뭐가 있을까?

항생 물질은 박테리아로 인해 발생한 감염병을 싸우는 것을 도와줘. 항생 물질은 박테리아의 세포벽을 공격하는 한 팀의 강력한 복싱선수와 같아. 항생 물질은 박테리아를 죽이거나 박테리아가 증식하는 것을 막아줘. 그들은 또한 좋은 박테리아를 죽일 수도 있어. 그래서 필요할 때만 사용해야 해.

병원으로 가자

진료소에서는 무슨 일이 있을까?

의료진은 마치 탐정처럼 네가 왜 아플지 단서를 찾아가면서 일해. 의사 선생님 또는 간호사 선생님은 네가 몸 안은 어디가 안 좋은지 바깥은 어디가 아픈지 물어보실 거야.

종종, 몸 바깥의 증상들은 몸 안에서 무슨 일이 일어나고 있는지 알려주기도 해. 너 평소보다 좀 덥니? 몸에 발진이 있니? 귀와 입을 들여다봐도 몸이 어떤지 알 수 있어.

안에서는 무슨 일이 벌어지고 있는 걸까?

의사 선생님은 청진기를 통해 너의 가슴 속에서 들리는 소리를 들어보실 수 있어. 네 심장이 뛰는 소리 또는 숨 쉬는 소리를 통해 의사 선생님은 너의 심장이나 폐에 문제가 있는지 확인하실 수 있어.

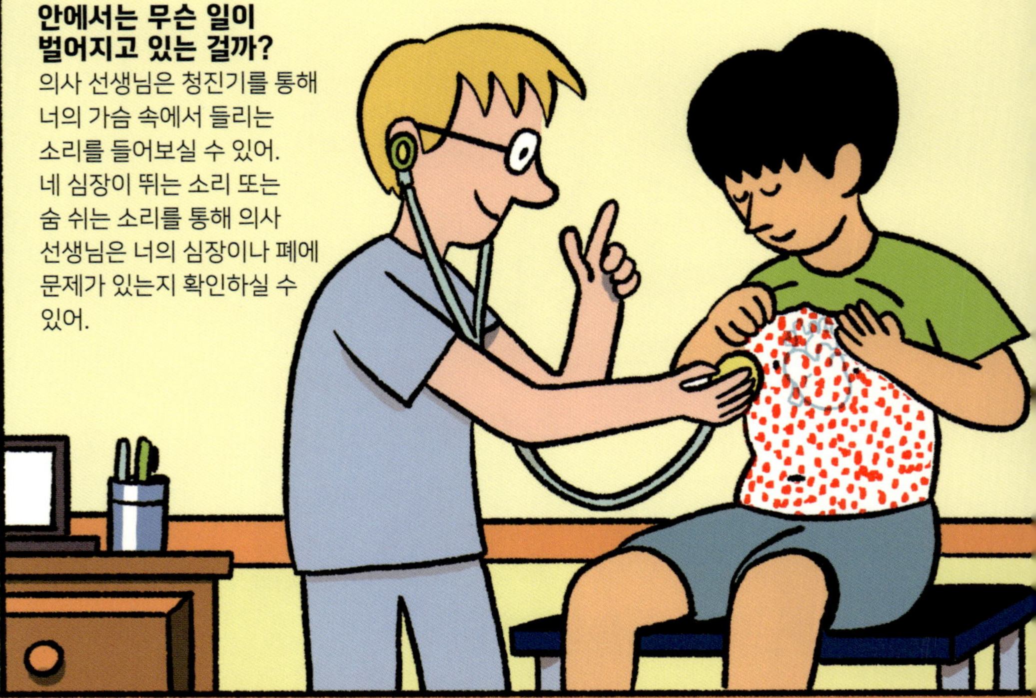

병원에서는 무슨 일이 벌어질까?

병원에서, 전문의들과 간호사 선생님들 그리고 수많은 의료진이 환자들을 돌보고 있어. 응급 상황에서 환자는 응급실에서 즉시 의사 선생님을 만날 수 있어. 입원 환자는 병원에서 밤에 자면서 지내는 환자를 의미해.

외래 병동

- 안과 - 눈
- 귀, 코 그리고 목
- 피부과 - 피부
- 방사선과 - 엑스레이와 정밀 촬영
- 정형외과 - 뼈와 근육 muscles
- 호흡기과 - 폐
- 심장학과 - 심장
- 산과 - 출산
- 병리학과 - 피와 조직 검사

외래환자는 예약한 후에 병원의 수많은 전문기관 중의 한 곳을 방문해.

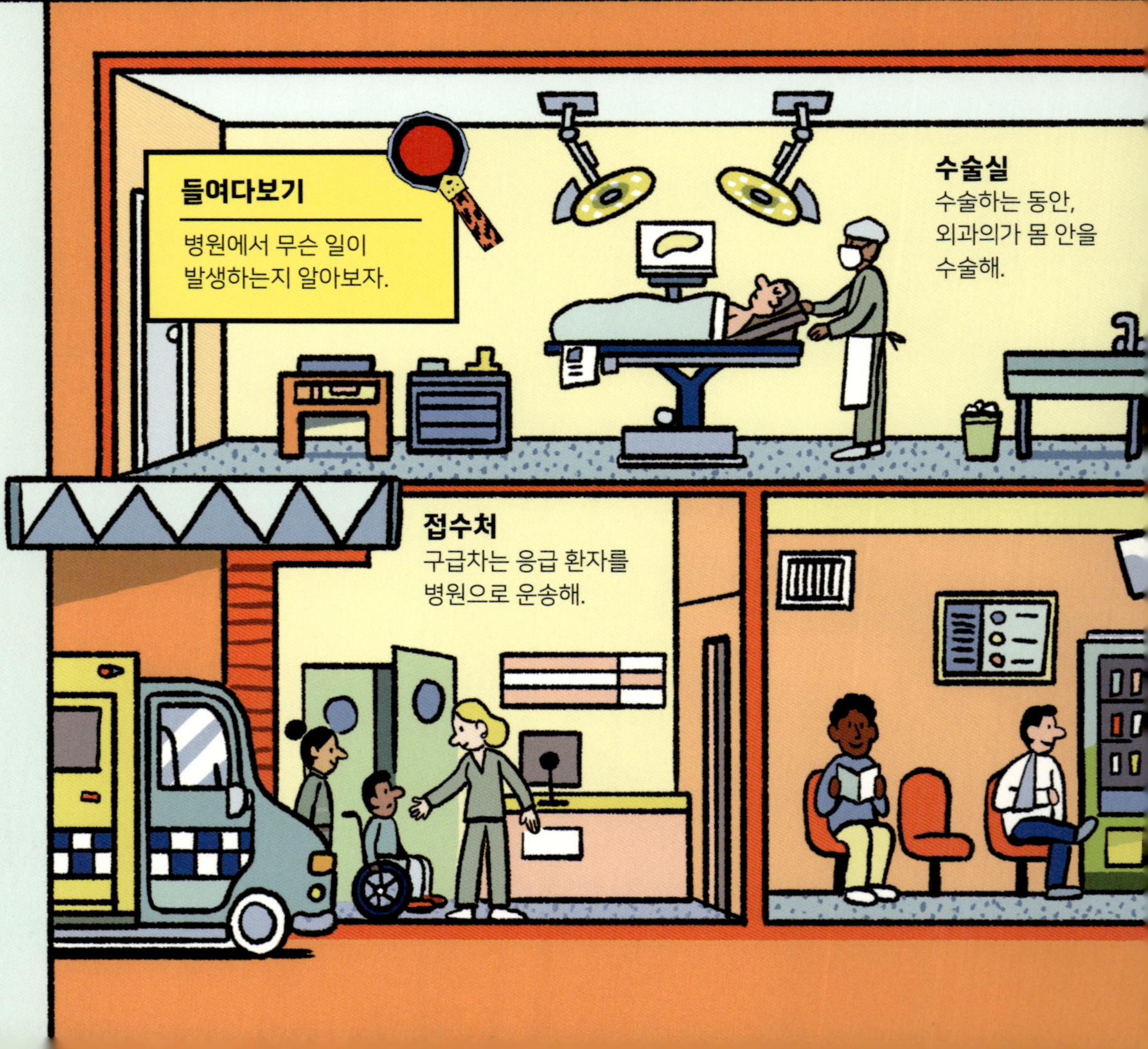

체온계는 뭘까?

체온계는 네 몸의 온도를 측정해서 알려주는 기구야. 네 체온이 정상보다 높다면, 네 몸속에 세균이 있다는 것을 알 수 있어.

증상이라는 것은 뭘까?

증상은 네가, 또는 너의 몸이 정상이 아니라고 느껴지는 것들이야. 기분이 보통과 다르다는 걸 느낄 수 있어.

진단이라는 것은 뭘까?

진단은 네 몸의 증상을 유발하는 질병의 이름이라고 할 수 있어. 또는 그저 너의 상태를 알려주는 말일 수 있어. 왜냐면 사람은 모두 다르거든. 네가 진단을 받으면, 의사 선생님이 너에게 약을 처방하거나 너를 병원에 있는 다른 전문의에게 보낼 수 있어.

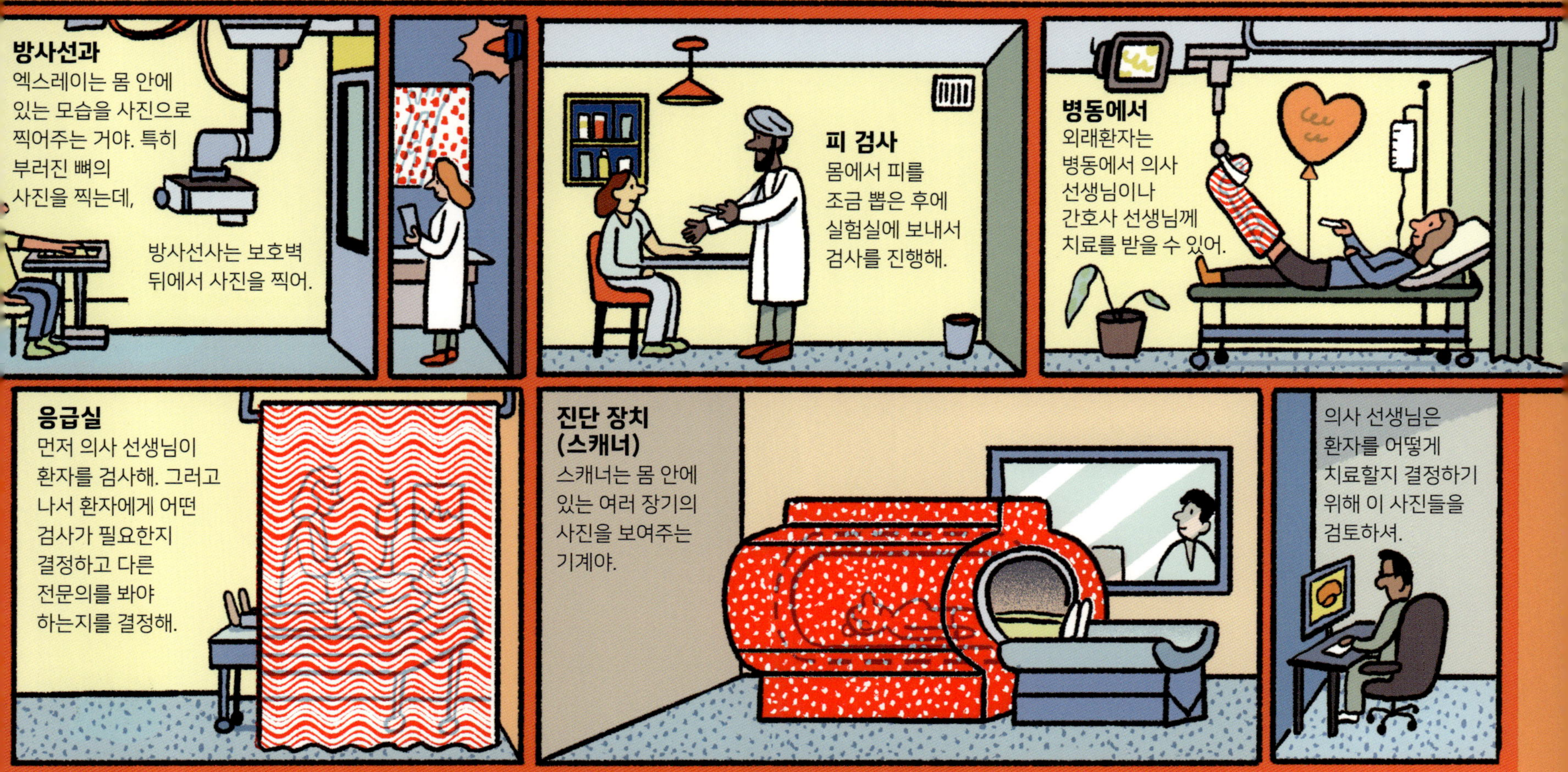

방사선과

엑스레이는 몸 안에 있는 모습을 사진으로 찍어주는 거야. 특히 부러진 뼈의 사진을 찍는데,

방사선사는 보호벽 뒤에서 사진을 찍어.

피 검사

몸에서 피를 조금 뽑은 후에 실험실에 보내서 검사를 진행해.

병동에서

외래환자는 병동에서 의사 선생님이나 간호사 선생님께 치료를 받을 수 있어.

응급실

먼저 의사 선생님이 환자를 검사해. 그러고 나서 환자에게 어떤 검사가 필요한지 결정하고 다른 전문의를 봐야 하는지를 결정해.

진단 장치 (스캐너)

스캐너는 몸 안에 있는 여러 장기의 사진을 보여주는 기계야.

의사 선생님은 환자를 어떻게 치료할지 결정하기 위해 이 사진들을 검토하셔.

수술 중에

외과 수술이라는 것은 뭘까?

외과 수술은 외과의라고 불리는 의사 선생님이 환자의 건강을 개선하기 위해 몸을 열어서 몸 안에 있는 문제를 해결하는 과정이야.

먼저, 한 팀의 전문의들과 간호 선생님들이 손을 씻어. 이는 손과 팔을 꼼꼼하게 씻어서 세균에 감염되지 않도록 하는 거야. 그러고 나서 보호 장비를 착용해야 해.

안팎으로 찾아보자

너는 다음의 것들을 찾기 위해 마술 돋보기가 필요할 거야.

- **❶ 수술실**
- **❷ 조명**
- **❸ 마취과 의사**
- **❹ 외과의**
- **❺ 마스크, 가운 그리고 장갑**
- **❻ 메스**
- **❼ 클램프(집게)**
- **❽ 견인기**
- **❾ 피와 유동체**
- **❿ 바늘땀**

키홀 수술이란 뭘까?

키홀 수술은 외과의가 환자의 열쇠 구멍처럼 몸에 아주 작은 구멍을 내서 수술하는 경우야. 외과의는 구멍을 통해 카메라와 조명이 달린 튜브를 집어넣어. 그러고 나면 컴퓨터가 몸 안의 모습을 실시간으로 보여줘. 외과의는 특별한 기구를 구멍 안으로 넣어서 영상을 통해 과정을 확인해가면서 몸 안을 치료해.

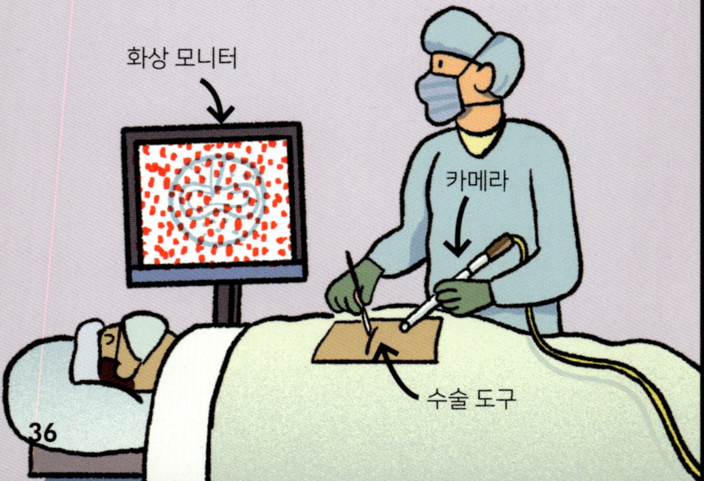

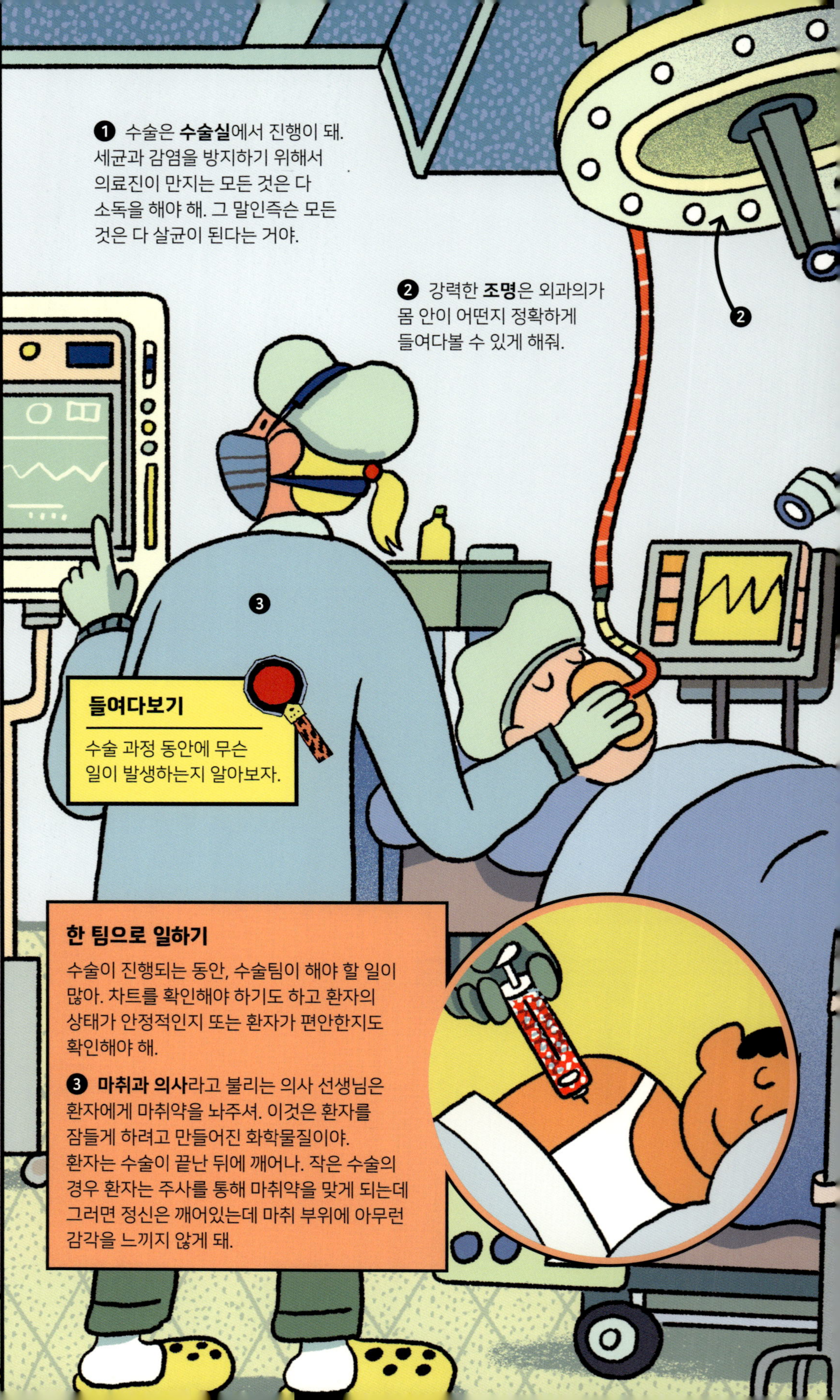

❶ 수술은 **수술실**에서 진행이 돼. 세균과 감염을 방지하기 위해서 의료진이 만지는 모든 것은 다 소독을 해야 해. 그 말인즉슨 모든 것은 다 살균이 된다는 거야.

❷ 강력한 **조명**은 외과의가 몸 안이 어떤지 정확하게 들여다볼 수 있게 해줘.

들여다보기

수술 과정 동안에 무슨 일이 발생하는지 알아보자.

한 팀으로 일하기

수술이 진행되는 동안, 수술팀이 해야 할 일이 많아. 차트를 확인해야 하기도 하고 환자의 상태가 안정적인지 또는 환자가 편안한지도 확인해야 해.

❸ **마취과 의사**라고 불리는 의사 선생님은 환자에게 마취약을 놔주셔. 이것은 환자를 잠들게 하려고 만들어진 화학물질이야. 환자는 수술이 끝난 뒤에 깨어나. 작은 수술의 경우 환자는 주사를 통해 마취약을 맞게 되는데 그러면 정신은 깨어있는데 마취 부위에 아무런 감각을 느끼지 않게 돼.

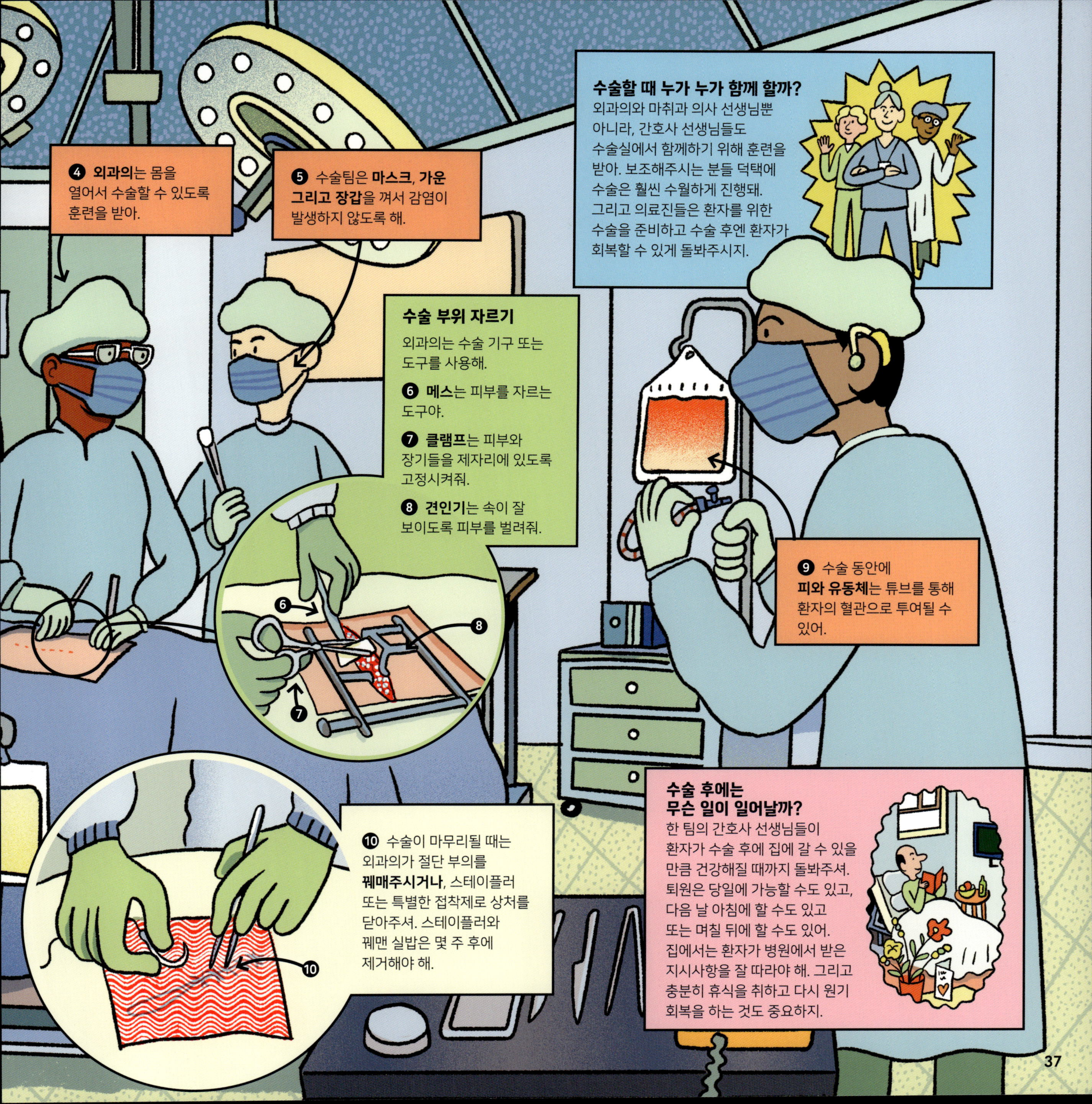

❹ **외과의**는 몸을 열어서 수술할 수 있도록 훈련을 받아.

❺ 수술팀은 **마스크, 가운 그리고 장갑**을 껴서 감염이 발생하지 않도록 해.

수술 부위 자르기

외과의는 수술 기구 또는 도구를 사용해.

❻ **메스**는 피부를 자르는 도구야.

❼ **클램프**는 피부와 장기들을 제자리에 있도록 고정시켜줘.

❽ **견인기**는 속이 잘 보이도록 피부를 벌려줘.

수술할 때 누가 누가 함께 할까?

외과의와 마취과 의사 선생님뿐 아니라, 간호사 선생님들도 수술실에서 함께하기 위해 훈련을 받아. 보조해주시는 분들 덕택에 수술은 훨씬 수월하게 진행돼. 그리고 의료진들은 환자를 위한 수술을 준비하고 수술 후엔 환자가 회복할 수 있게 돌봐주시지.

❾ 수술 동안에 **피와 유동체**는 튜브를 통해 환자의 혈관으로 투여될 수 있어.

❿ 수술이 마무리될 때는 외과의가 절단 부위를 **꿰매주시거나**, 스테이플러 또는 특별한 접착제로 상처를 닫아주셔. 스테이플러와 꿰맨 실밥은 몇 주 후에 제거해야 해.

수술 후에는 무슨 일이 일어날까?

한 팀의 간호사 선생님들이 환자가 수술 후에 집에 갈 수 있을 만큼 건강해질 때까지 돌봐주셔. 퇴원은 당일에 가능할 수도 있고, 다음 날 아침에 할 수도 있고 또는 며칠 뒤에 할 수도 있어. 집에서는 환자가 병원에서 받은 지시사항을 잘 따라야 해. 그리고 충분히 휴식을 취하고 다시 원기 회복을 하는 것도 중요하지.

건강하고 행복하게

너의 몸은 안팎으로 무엇을 필요로 할까?

몸은 여러 가지가 필요해. 에너지를 얻기 위한 건강한 음식, 청결을 유지하기 위해 씻고 양치질하기, 건강하기 위해 운동하기, 그리고 신선한 공기 마시기와 충분한 수면이야.

너의 감정이 어떤지도 점검해야 한다는 것을 기억해줘. 너의 마음이 어떤지도 생각해봐야 해. 너의 마음속에 일어나는 기분의 상태를 정신 건강이라고 해.

어떻게 매일 건강한 음식을 먹을 수 있을까?

- 새로운 맛을 실험하는 것은 즐거운 일이야. 우리 다양한 음식을 먹어보자.
- 식사 시간에는 건강하고, 영양소가 골고루 포함된 음식을 먹도록 노력해보자. 단백질도 먹어야 하고, 호밀빵이나 쌀과 같은 탄수화물도 먹어줘야 배가 부르게 될 거야. 채소도 물론 많이 먹을수록 좋아.
- 사탕이나 감자 칩 같은 간식은 당, 지방 그리고 소금 함량이 매우 높아. 이런 음식은 특별할 때에만 먹기로 하자.

계란, 콩, 고기 그리고 생선 같은 **단백질**은 근육, 뼈, 피부 그리고 많은 장기가 작동하는 것을 도와줘.

지방은 너에게 에너지를 공급해주지만, 지방이 많이 필요하진 않아. 될 수 있으면 동물성 지방보다는 식물성이나 생선 기름을 먹도록 하자.

우리는 왜 잠을 자야 할까?

수면은 몸의 건전지를 다시 충전해줘, 그래서 다음날 네가 다시 에너지가 가득 차 있게 해주지. 하룻밤 사이에 몸에 있는 세포들은 손상된 부분을 회복하고 새로운 세포들은 자라나. 네가 깨어있을 때랑 잠자고 있을 때 뇌는 다른 방법으로 작용을 해. 그래서 다음날 뇌가 다시 빠르게 돌아갈 수 있게 해줘.

네가 잠을 잘 동안, 너는 꿈을 꿔. 너의 뇌는 하루 동안 받아들인 정보를 정리 정돈하고 추억을 만들 수 있게 도와줘.

손 씻는 거 잊지 마!

네가 하루 동안에 만지는 모든 것들을 생각해봐. 애완동물부터 너의 콧물까지! 세균이 우리 몸에 침입하는 것을 막는 좋은 방법은 청결을 유지하는 거야. 너의 손을 자주 씻는 것을 잊지 마. 특히 화장실에 다녀온 직후라던가 밥 먹기 직전에 말이야.

손은 비누와 따뜻한 물로 씻자.

수전 아래에 손을 두고 15를 셀 때까지 물에 헹구자.

손톱 밑이랑 손가락 마디마디도 씻는 것을 잊지 말자.

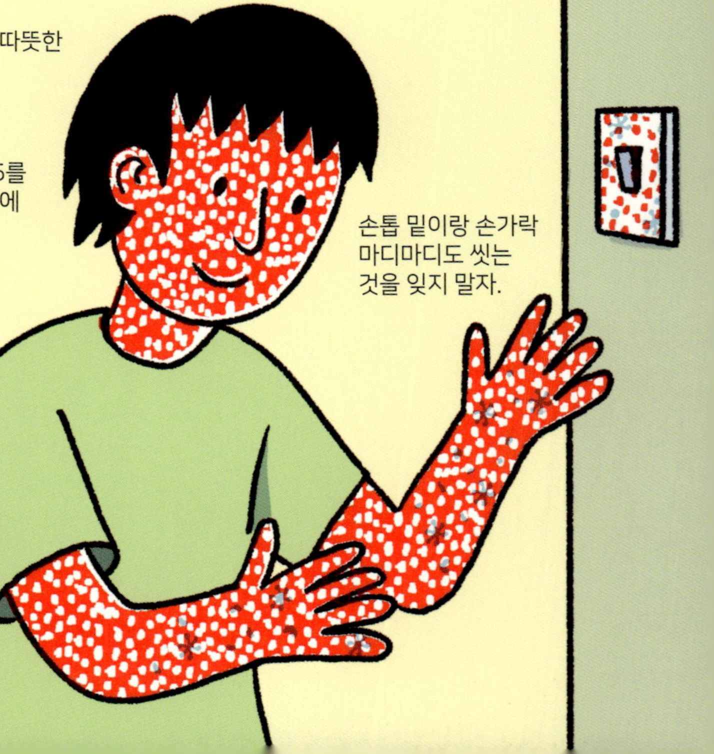

우유나 잎채소에 있는 **칼슘**은 튼튼한 뼈와 이가 자라게 도와줘.

무지개 색상의 과일과 채소들은 섬유질이 많고 너의 장이 건강하게 유지해줘. 하루에 5가지 색상의 채소를 먹을 수 있도록 노력해보자.

그리고 잊지 마…
충분한 양의 물을 마셔야 해, 하루에 8잔까지

빵이나 감자에 있는 **탄수화물**은 적은 시간 안에 에너지를 생성해줘.

정신 건강 챙기기

네가 만약 무언가 때문에 걱정이 생겼다면, 네가 믿을 수 있는 어른과 대화하는 것을 시도해보자. 친구들이랑 수다 떨고 자연에서 노는 것도 네가 기분 전환하는 데 아주 많이 도움이 될 거야. 정신 건강의 문제가 심각해지면, 정신과 전문의와 대화를 나눠볼 수도 있어.

운동은 몸을 어떻게 도와줄까?

운동은 뼈와 근육이 튼튼하도록 도와줘. 운동은 또한 몸에서 엔돌핀이라고 하는 화학물질을 분비하는데, 엔돌핀은 우리를 기분 좋게 만들어줘. 적은 양의 운동도 너를 저 세상 끝까지 갈 수 있을 것 같은 기분을 만들어줘. 혼자서 또는 친구들과 운동할 수 있도록 노력해보자. 할 수 있다면, 가족들과 함께해도 좋아.

네가 가장 좋아하는 운동을 발견하는 것은 즐거운 일이야. 그건 트램펄린을 타는 것일 수도 있고…

…산책하는 것일 수도 있고…

…깡총 깡총 뛰는 것일 수도 있고…

…스포츠 경기를 하는 것일 수도 있고…

…자전거를 타거나, 다른 것일 수도 있어!

아기들과 성장

신생아는 얼마나 빠르게 성장할까?

진짜 빨리 성장해. 태어난 첫해에는 아기는 태어났을 때 크기의 3배까지 성장해. 보통 우리 사람들은 10대 때까지 아주 천천히 계속 성장해. 안 그러면 우리는 아마 거인이 될 거야.

아기는 아이로 성장하고 그러고 나서 10대로 성장하고 그다음에 어른으로 성장해. 이 성인은 새로 아기를 가질 수 있고 이 아기도 성장하게 돼. 그리고 이 아기가 성장하면 또 아기를 낳을 수 있고, 이렇게 주기가 반복되는 거야.

네 가족 구성원은 누가 누가 있니?
가족들은 각종 형태와 크기로 이루어져 있어. 하지만 세대 안에는 같은 호칭을 가진 사람들이 있지. 너의 조부모님은 너의 부모님의 부모님이야.

안팎으로 찾아보자
너는 다음의 것들을 찾기 위해 마술 돋보기가 필요할 거야.

- **❶ 쌍둥이**
- **❷ 신생아**
- **❸ 유아**
- **❹ 아이**
- **❺ 10대**
- **❻ 성인**

들여다보기

봉긋한 배 안에 아기를 들여다보자.

임신한 사람의 뱃속에서는 무슨 일이 벌어질까?
약 40주, 또는 9개월에 걸쳐서, 작은 뭉치의 세포들은 한 명의 아기로 자라나. 이 기간을 우리는 임신 기간이라고 불러.

산파라고 불리는 의료계 종사자는 임산부를 도와주는데, 특히 아기가 태어나고 나서 신생아일 때 도와주는 역할을 해. 다른 아기들은 병원에서 태어나기도 하고 집에서 태어나기도 해. 너는 어디서 태어났니?

아기는 어떻게 형성될까?
부모님으로부터 정자 세포와 난자 세포가 만나서 하나가 돼. 이렇게 하나가 된 수정된 난자는 자궁 속에서 자라나게 돼.

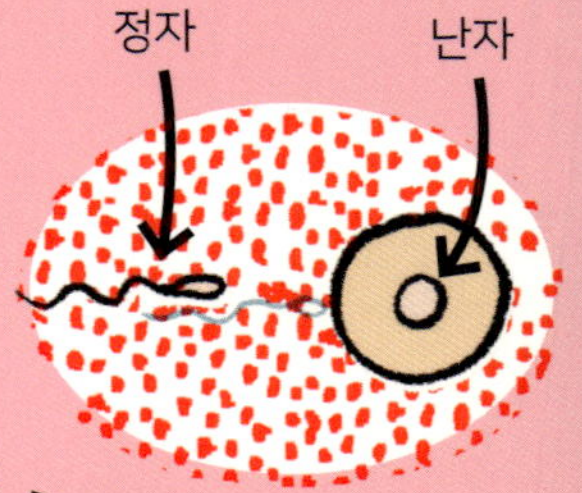

첫째 날
아기는 단세포로 시작해서 계속 분열을 반복해.

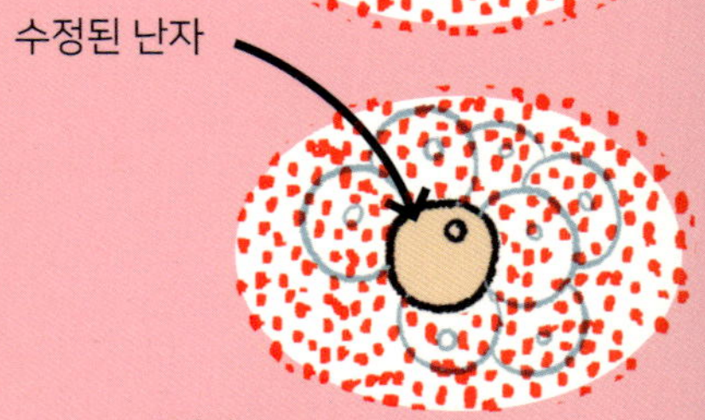

3주 차
임신 동안, 엄마의 몸에서부터 영양분이 배아라고 불리며 발달 중인 아기에게 계속 공급돼.

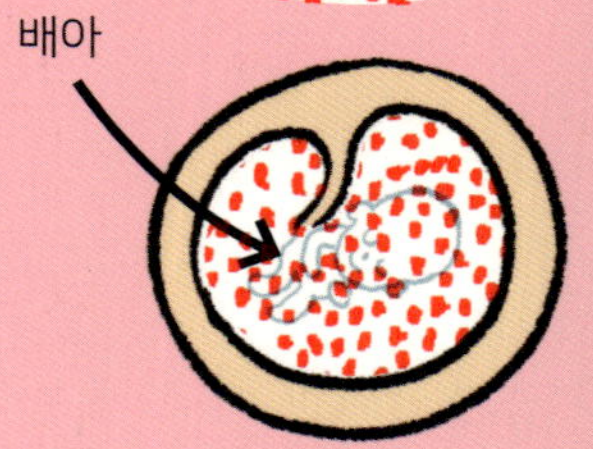

20주 차
발달 중인 아기는 이제 태아라고 불리게 돼. 아기는 거의 바나나와 같이 키가 커지고, 손가락 발가락 그리고 큰 머리가 생겨나.

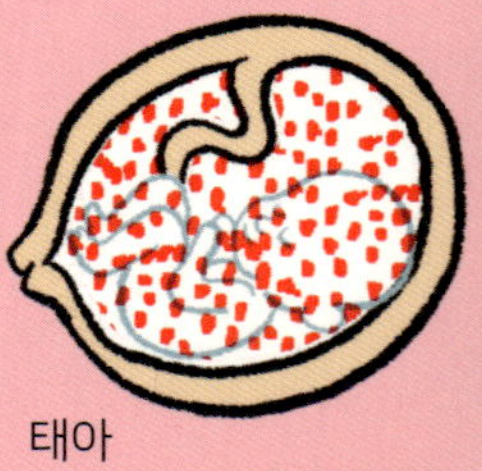

40주 차
아기는 태어날 준비가 되었어!

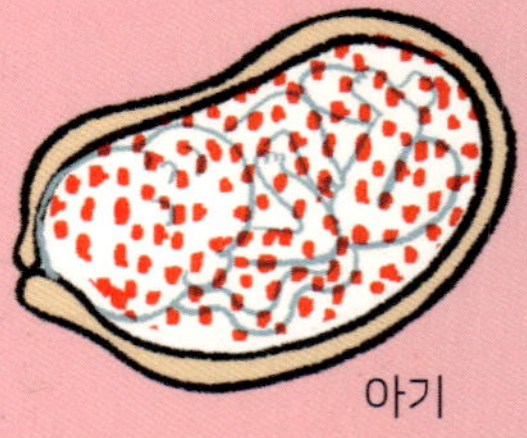

성장하는 것

네가 태어난 순간부터, 너의 몸은 계속 성장해. 먼저 너는 키가 자라게 돼. 보통 20살이 되면 너는 키가 더 자라는 게 멈추게 될 거야. 나이가 먹을수록, 몸은 점점 천천히 자라게 될 거야.

❷ **신생아**는 먹여줘야 하고 안전하고 따뜻하게 지켜줘야 해. 천천히 아기는 기어 다니는 것을 배울 거고, 그리고 두 발로 서게 될 거야.

❸ 걸음마를 배우는 **유아**는 세상을 탐험하면서 걷고, 말하고 많은 질문을 할 거야. 걸음마를 배우는 아기는 빠른 시간 안에 많은 것을 배우게 돼.

❹ **아이**는 조금 더 천천히 자라게 돼. 아이의 몸과 뇌는 각종 새로운 것을 배울 수 있어. 자전거를 타는 방법이나 학교에서 배우게 되는 새로운 것들을 말이야. 이때는 많이 놀고 배우는 시기라고 할 수 있지.

❶ **쌍둥이**는 함께 엄마 배 속에서 자라게 돼.

❺ 수년에 걸쳐 **10대**는 점점 더 어른과 같은 모습으로 자라나게 될 거야. 이 변화의 시기에 10대는 더 많이 자고, 여드름도 생기고 기분이 자주 변할 수도 있어.

❻ 네가 **어른**이 되면, 너의 몸은 여전히 변하고 있지만, 더 천천히 변하게 돼. 어른이 되면 새로운 아기를 만들 수 있어.

사춘기라는 것은 뭘까?

이 시기는 아이가 어른으로 성장하는 시기야.

호르몬이라고 불리는 특별한 신호들은 출생부터 노년까지의 인생의 여러 시기에 분비가 돼. 10대 때에는 특별한 호르몬이 분비되어서 너의 신체의 여러 부위에 변하도록 신호를 보내. 일부는 몸에 여드름이 나게 할 수도 있고, 다른 호르몬들은 너의 몸이 아기를 만들 수 있게 만들 수 있게 변하도록 해.

실험실에서

지금 현재 의사 선생님들은 어떤 약물을 개발하고 있을까?

실험실에서 과학자들은 사람의 몸이 어떻게 작동하고 어떻게 하면 몸을 건강하게 유지할 수 있는지에 대한 각종 흥미진진한 연구들을 하고 있어.

과학자들은 몸이 작용하는 방법에 대한 자세한 이해를 새로운 기술에 결합하고 있어. 그들은 똑똑한 의료 처치 방법과 기계들 그리고 진단 방법을 고안하고 있어.

나노로봇은 무엇일까?

나노로봇은 엄청 작은 로봇이야. 나노로봇은 너무 작아서 사람의 머리카락의 두께에 가로로 10개나 올려놓을 수 있어. 미래에 나노로봇은 사람의 혈관에 주입이 되어 몸 안에서의 수술을 담당할지도 몰라. 나노로봇은 세균을 죽일 수도 있고, 손상된 세포를 고칠 수도 있고, 몸의 정확한 부위에 약물을 전달할 수도 있어.

신체 부위를 인쇄할 수 있을까?

미래에는 가능할지도 몰라. 과학자들은 신체 부위를 3D 입체 프린터로 인쇄해내는 엄청 놀라운 연구를 진행하고 있어. 이는 생체인쇄 또는 바이오프린팅이라고 불려. 이는 몸의 장기를 교체해야 하는 환자들을 위해 사용될 수도 있어. 사람의 세포가 층층이 인쇄되어 콩팥과 같은 신체의 일부로 만들어질 수도 있어.

들여다보기

과학자들이 어떻게 사람들을 치료할 수 있는 새로운 방법을 개발하는지 알아보자.

생체공학이란 뭘까?

생체공학이란 몸이 불편한 사람들을 위한 인공 대체 신체 부위야. 생체공학적 인공 다리는 실제 다리처럼 근육으로부터의 신호를 전달받아서 움직이거나 구부릴 수 있어.
과학자들은 또한 뇌와 연결되어 사람이 볼 수 있도록 도와주는 생체공학 인공 눈을 개발하는 중에 있어.

생체공학 인공 눈은 언젠간 눈이 안 보이는 사람들이 볼 수 있게 도와줄지도 몰라.

유전자는 무엇인가?

너의 유전자는 너를 이 세상에서 유일한 존재로 만들어지도록 하는 설계도와 같아. 유전자는 DNA로 구성되어있는데 이는 너의 몸에 있는 모든 세포의 염색체라고 불리는 구조물 안에서 발견이 돼. 의사 선생님들은 이제 질병이 발병하기 전에 찾아낼 수 있는, 유전자와 DNA 검사를 할 수 있어. 언젠간 유전자 편집이라는 기술이 생겨나서 질병을 유발하는 유전자를 잘라내거나 교체할 수 있게 될지도 몰라.

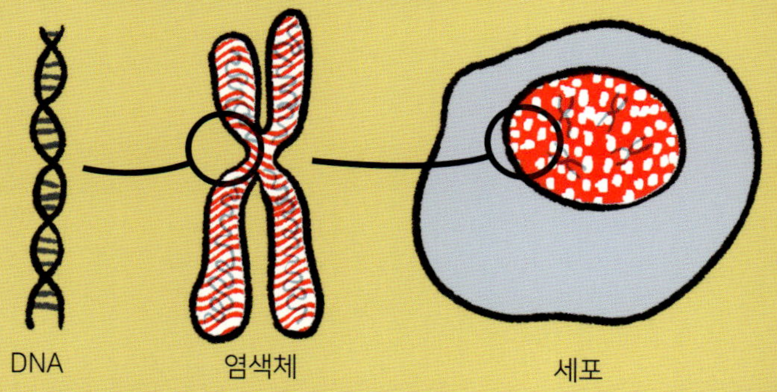

줄기세포란 무엇인가?

하나의 세포가 특별한 능력을 갖추고 있다고 상상해봐. 줄기세포는 아기를 만들 때 가장 먼저 형성되는 세포들이야. 줄기세포는 몸에 있는 각종 세포로 분화할 수 있어. 미래에는 아마 줄기세포를 다시 몸에 넣어줘서 손상된 세포를 고치는 게 가능해질지도 몰라. 이 기술은 일부 난치병들을 완치하는 데 도움을 줄 수도 있어.

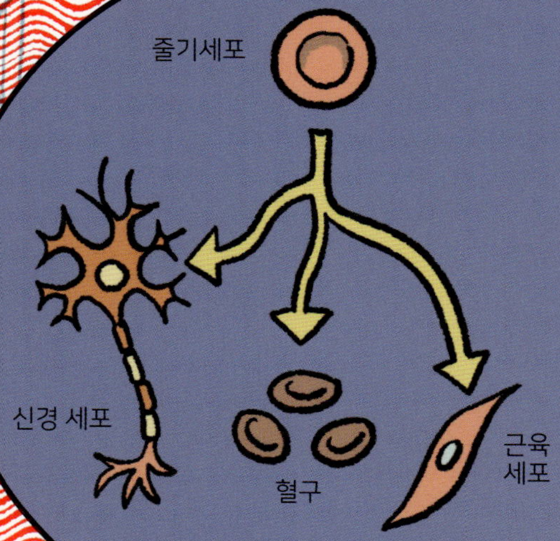

약물은 똑똑한가?

응. 그리고 심지어 점점 더 똑똑해지고 있어.
모든 사람의 몸은 조금씩 달라. 우리는 모두 독특하거든. 과학자들은 한 환자에게만 특정하게 작용하도록 만들어진 개인 맞춤형 약물을 연구하고 있어. 이것은 개인 맞춤형 약물이라고 불려. 이는 한 사람 개인의 유전자에 따른 독특한 형질을 발견하게 해주는 기술을 이용해.

여러 형태의 몸

몸은 여러 모양과 크기를 가질 수 있어. 시간에 걸쳐서 몸은 계속 변해. 너의 몸은 다른 사람들의 몸과 비교했을 때 달라 보이기도 하고 다르게 작동할 수도 있어.

모든 사람을 존중하는 것을 잊지 말자. 다른 사람의 몸에 대해서 상대방이 괜찮다고 하지 않는 이상 함부로 질문하지 말자. 모든 사람은 다 다르게 생겼지만 모든 사람은 특별해.

찾아보기

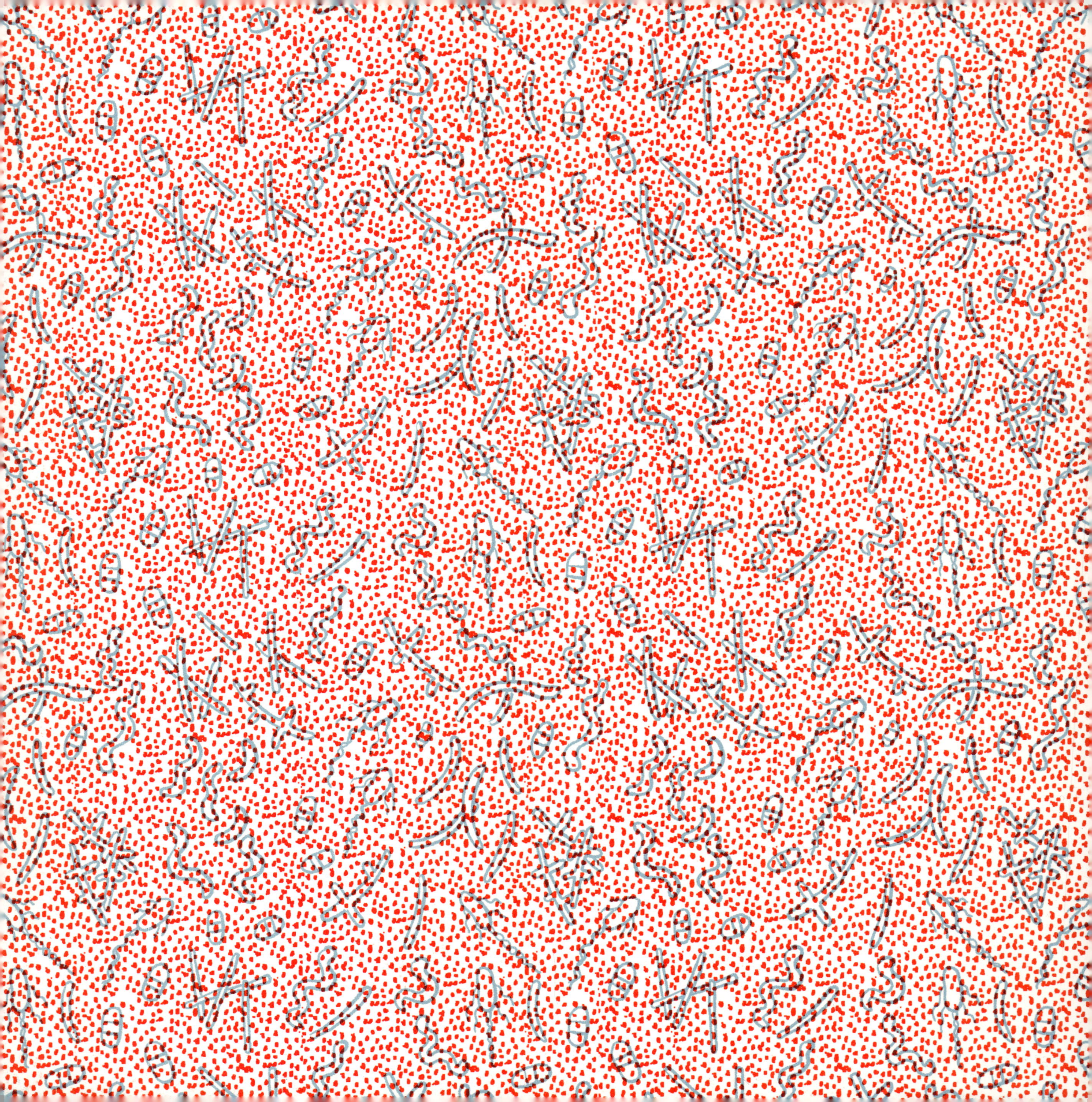